남몰래 준비하는
돈 버는
신박한 아이템

남몰래 준비하는 돈 버는 신박한 아이템

닛케이 트렌디 지음 | 허민경 옮김

남보다 먼저
시작해야 하는 다양한
사업 아이디어

프로젝트 A

시작하며

　트렌드는 빠르게 변한다. 이런 우스갯소리가 있다. 10년 전에 썼던 핸드폰이 애니콜이라 생각하겠지만 그때도 이미 아이폰을 비롯한 스마트폰이 대중화되어 있던 시절이라고. 2009년 11월 아이폰이 국내에 첫 출시될 때까지만 해도 스마트폰이 일상의 작은 부분에까지 이렇게 깊게 들어올 거라고는 생각하지 못했다. 변화는 한번에 찾아온다. 그 변화를 목격하고 좇아가면 겨우 따라잡아 막차를 타거나 그도 아니면 얻는 것도 없이 계속 기회의 꽁무니만 좇게 되는 것이다.

이 책은 새롭게 아이디어를 떠올리려는 사람들에게 그 아이디어의 시작을 제공하는 내용을 담았다. 한편으로는 바로 적용 가능한 아이디어와 아이템이 있을 것이고, 한편으로는 너무 먼 미래의 일이 아닌가 하는 것도 있을 것이다.

각 기관과 전문가가 빠르면 1년 내에, 늦어도 몇 년 내에 일상으로 파고들 개념과 아이디어라 언급한 것이니, 한 발 앞서 무언가를 시작하고 싶고 누구도 보지 못한 시장을 선점하고자 하는 사람이라면, 이 책이 이야기하는 바가 당신에게 그 생각의 시작이 되어줄 것이다.

여기에 실린 정보를 훑다 보면 이 정보와 연결된, 일종의 틈새시장을 공략하는 아이디어가 머릿속을 빠르게 치고 갈지도 모른다.

이 책은 앞에서부터 순차적으로 읽어도 좋고, 내킬 때마다 원하는 곳을 펼쳐봐도 무방하다. 이미 선점되어 있는 코딩 교육에서 어디를 파고들 수 있을지, 월정액 수익구조를 취할 때 무엇을 중요하게 생각할지를 비롯해, 더 늘리기 위해서 해야 할 일, 또한 먼 미래의 일일 것만 같은 식량문제에서부터 이다음을 주도할 AI, 건강 요소 등 가능한 많은 분야의 아이디어를 담았다.

도전하고 싶지만, 미래의 지도가 백지 상태라면 여기에 등장한 정보를 그 출발점으로 삼아보자.

지금 바로 시작해야 선점하는 아이디어

-1부-

틈새시장은
언제나 있다

-2부-

– 1부 –

지금 바로 시작해야
선점하는 아이디어

안정된 수익구조와
고정비를 절약하는 미래 예측

01

주택, 집 주인의 행동에 맞춰 집이 움직인다

CASPAR / OiCy / 스마트거울

스마트 스피커가 2017년 말에 일본에도 등장했고 로봇 청소기와 에어컨, 전구 등 가정의 모든 가전을 음성으로 간단히 조작할 수 있는 시대가 왔다. 그러나 이런 음성 조작은 빠른 시일 내에 시대에 뒤떨어진 기능이 될지도 모른다. 앞으로 몇 년만 지나면 고객의 행동을 AI가 학습하여 말하지 않아도 여러 가전이 자동으로 움직이는 '예측 스마트 홈'이 대중화될 것이다.

스마트 홈의 흐름은 완전 자동화!

　스마트 홈(또는 스마트 하우스)라는 개념은 20년 전부터 있었고 과거에는 도난 방지 등과 같은 보안이나 에너지 절약이 장점이었다. 최근에는 네트워크로 연결한 가전 등을 스마트폰이나 음성으로 조작할 수 있는 기능도 추가되어 조명, 에어컨, 커튼 등 여러 기기를 한꺼번에 움직이는 집도 많다. 앞으로는 사람이 조작하지 않고 집안의 AI(인공지능)가 주인에게 가전 이용을 제안하거나 행동을 먼저 파악하여 자동 조작되는 시대가 온다.

20년 전 ~	**전력 관리 & 보안** 집 안의 가전이나 설비를 관리하는 '홈 오토메이션'이라는 개념은 20년 전부터 있었고, 세콤 등의 경비회사가 제품화했다. 또, 가정 내의 전력관리 시스템인 'HEMS'에 가전 제어기능을 추가한 제품도 있다.
현재	**음성 & 원격조작** 스마트폰의 보급에 따라 최근에는 스마트폰으로 조작할 수 있는 IoT 가전이 증가하고 있다. 또 구글 홈이나 아마존 에코 등 스마트 스피커로 음성 조작할 수 있는 제품도 늘고 있다. 별도 공사가 필요하지 않고 설치도 혼자서 가능하다는 점이 제품 특징이다.
몇 년 후	**조작 제안 & 완전 자동화** 고객의 행동이나 가전 조작을 AI가 분석. Home X(파나소닉). 그 때의 추천기능을 스마트 홈이 제안한다. 2021년까지 모든 가전을 AI화한다. 상황에 따라 적확하게 가전 기능을 사용할 수 있다. 파나소닉은 2021년까지 모든 가전을 AI화하겠다고 발표했다.

스마트 하우스가 가져올 주요 변화

미국의 브레인 오브 싱스^{Brain of Things}가 개발한 'CASPAR'는 모든 방에 센서를 배치하여 주인의 행동을 AI에게 학습시키는 시스템이다. 예를 들어 아침에 일어났을 때 '커튼을 열고 조명을 켜는' 행동을 반복하면 일어나기만 해도 커튼이 열리고 조명이 켜진다. 현재, 일본 국내에서 대응하고 있는 것은 커튼과 조명이다. 이후에는 얼굴 인식기능으로 텔레비전 앞에 있는 사람을 식별하여 좋아하는 방송을 처음으로 보여주는 기능을 추가한다. '미래의 집'에서는 모든 가전과 설비가 AI의 명령으로 움직이게 될 날이 온다.

CASPAR.

10년 후 스마트 거울

아침에 일어나 세면대 앞에 서면 그날의 건강 상태 등이 거울에 나타난다.

2년 후 식사 준비를 하면 커피가 자동으로 추출된다

타이머를 설정하지 않아도 식탁 분위기를 감지하여 커피를 내린다. 해외에서는 이미 인터넷으로 연결된 커피 메이커가 제품화되었으며, 생각보다 빨리 실현될 수도 있다.

실현 완료 - 식사할 때는 자동으로 조명의 색과 밝기가 바뀐다

식사할 때 조명의 색이나 밝기를 바꾸면 이를 학습하게 된다. 조명과 빛의 밝기는 집 분위기를 좌우하는 중요한 부분이다.

실현 완료 - 아침에 일어나면 커튼이 열려 다시 잠들 걱정은 안 해도 된다

아침에 침대에서 일어났을 때, 자동으로 커튼이 열린다. 커튼이 열린 후에 '절반만 열리도록' 반복한다면 항상 자동으로 절반만 열리게 된다. 일어났을 때, 자동으로 조명을 켤 수도 있다.

그 외

- 스마트 거울
  마치 거울과 같이 이용할 수 있는 디스플레이다. 몇 초 전의 영상을 보여주는 '늦은 거울' 기능도 있다.
- 투명 디스플레이
  빛 투과율이 80%로 자동차의 앞 유리와 동일한 정도다. 헬멧 스크린에 장착하는 실험도 진행 중이다.
- 3D 디스플레이
  전용 안경 등이 없어도 입체적으로 볼 수 있는 5.5형 디스플레이.

가사 대행업

또 스마트 홈에서 집 열쇠가 전자키가 되면 '빈집'이 순식간에 변한다. 특히 집을 비울 때 가사 대행 등의 서비스를 유용하게 이용할수 있다. 소니 네트워크 커뮤니케이션스의 'MANOMA'에서는 계약한 가사 대행 업자가 집에 도착하면 그때만 현관 문을 원격으로 열어주는 시스템을 도입한다. 이 기능이 실현되면 '외출에서 돌아왔을때 쇼핑도 청소도 끝난 상태'가 되는 효율적인 생활이 가능해진다. 집 열쇠를 가사 대행 업자에게 맡기기 꺼리는 사람도 이 시스템이라면 이용하기 쉽다.

요리의 자동화?

가사의 절약화에서도 조리 자동화를 목표로 스마트 키친에 대한기대도 크다. 쿡 패드^{CookPAD}는 2018년에 레시피를 읽어서 움직이는자동조리 가전의 공통규격 'OiCy'를 발표했다. 2021년에는 요리의대부분을 OiCy 대응 가전에 맡길 수 있는 시대가 된다. 커팅 기계로 재료를 자르고 밑간 머신으로 간을 하고 센서가 달린 프라이팬에올린 후, 기다리기만 하면 요리가 완성된다. 2026년에는 사람이 대부분 관여하지 않아도 조리할 수 있는 꿈의 '전 자동화'가 실현된다.

쿡 패드가 제창한 'OiCy'는 레시피에 적힌 조리 순서를 읽고 자동으로 조리가전을 만들어준다. 현재는 레시피를 토대로 간장 등을 계량해주는 서버를 개발 중이다. 대응 가전이 늘어나면 재료를 '자르고' '간을 맞추고' '가열하는' 공정을 각각 기계가 분담하여 조리하는 '완전 자동화'도 가능해진다.

이미 진행 중인 해외 스마트 조리가전화

- OiCy (쿡 패드)
- 레시피 정보를 보내면 조리 일부를 자동화
- Alexa Connect Kit (아마존)
  아마존은 음성으로 조작할 수 있는 전자레인지를 미국에 발매했다. 아마존 에코와 연계하는 IoT 가전을 간단히 개발할 수 있는 'Alexa Connect Kit'를 이용하여 실제 가격은 59.99달러로 크게 줄어들었다.
- LG ThinQ (LG Electronics)
  'ThinQ'는 LG AI 가전 브랜드다. 넣어둔 식재료를 스마트폰으로 볼 수 있는 냉장고 등을 해외에서 판매 중이다. 가전을 총괄하는 홈 로봇 'CLOi'도 예정 중이다.

레시피를 바탕으로 요리가 완성된다.

스마트 홈, 가전의 교체 사이클에 주목하라

스마트 홈은 5G로 가속화를 바라본다

이토 요시아키伊藤嘉明는 재팬 디스플레이 사Japan Display Inc. 상임집행임원 CMO로 태국 방콕 출생이다. 미국 선더베드 국제경영대학원 수료하고 소니 픽처스 엔터테인먼트와 하이얼 아시아 그룹 등에서 사업 재생을 했다. 2017년부터 현직에 근무하고 있다.

○ **2018년 8월에 디스플레이가 장착된 스마트 헬멧이나 스마트 거울의 '늦은 거울' 등 참신한 제품을 개발하셨더군요.**

지금까지 재팬 디스플레이(JDI)는 스마트폰이나 차량 기기의 디스플레이를 중심으로 만들었습니다. 그러나 앞으로 IoT가 발전하면 더 많은 제품에 JDI의 디바이스가 도움이 될 것입니다. 이를 어필하려면 자사에서 만들어낸 제품 개발이 먼저입니다. 스마트 헬멧 등을 발표한 덕분에 여러 기업에서 제휴 제안이 오고 있습니다.

○ **JDI의 기술을 사용하면 어떤 가전을 만들 수 있나요?**

텔레비전은 당장 바꾸고 싶습니다. 지금 슬림형 텔레비전은 전원을 껐을 때도 검정색 판이 되어 거실과의 조화를 방해하고 있습니다. 벽 한 면이 디스플레이가 되어 필요할 때만 텔레비전 방송을 볼 수 있는 것이 이상적입니다. 또, 천장에 더 밝은 색상의 디스플레이를 장착하면 조명이 필요 없어집니다. 이런 생각을 실현하면 내진성을 높이기 위해 창문을 없애고 대신에 벽면에 디스플레이를 장착한 집이 만들어집니다. 좋아하는 경치를 비춰주므로 조망이 나쁜 곳이라도 좋은 '경치'를 즐길 수 있습니다.

또 JDI에는 터치나 지문 등의 센서를 디스플레이와 조합시키는 기술도 있습니다. 예를 들어 문손잡이에 디스플레이를 추가하면 색과 모양을 자유자재로 바꿀 수 있고 이용자 식별이나 건강 상태를 체크할 수도 있습니다.

이렇게 JDI의 디스플레이는 이제 보는 것만이 아닌 듣고, 만지고, 향도 맡고, 맛도 보는 여러 감각을 자극하는 멀티 센서블 디바이스로 진화하고 있습니다. 제품개발에서는 업계 울타리를 없애고 여러 회사와 이야기를 할 예정입니다.

....

미래의 가정에서 가전은 어떻게 변할 것이라고 예상하나요?
물론 모든 가전이 인터넷에 대응하게 되고 집에서도 외출지에서도 편리하게 사용할 수 있게 될 것입니다. 냉장고 안의 식재료를 외출지에서도 당연하듯 확인할 수 있게 됩니다. 또 각 가전이 모은 데이터를 인터넷을 통해 스마트 홈의 AI에게 학습시킬 수도 있습니다. 여기까지 현실이 된다면 사람의 행동을 먼저 파악하여 가전이 자동으로 움직일 수 있는 시대가 오는 것은 이제 시간문제입니다.
'5G'가 스마트 홈의 브레이크 스루가 될 것입니다. 집 안의 기기가 정교한 데이터를 스마트홈 AI에게 보내도 대역 걱정이 없어지기 때문입니다. 몇 년 안에 인터넷 대응 제품이 폭발적으로 늘어나겠죠.

....

백색 가전의 교체 사이클은 약 10년입니다. 변화는 언제쯤 올까요?
기존 가정의 스마트 홈화도 생각보다 빠릅니다. 예를 들어 구독이나 렌털로 여러 가지 최신 인터넷 가전을 사용할 수 있는 서비스가 완성되면 빠른 시일 내에 보급될 것입니다. 고객의 데이터를 취득하기 위해 가전을 무료로 배포하는 업체가 늘어날 수도 있습니다.

....

5G 시대가 되면 2020년 이후, JDI는 어떤 제품을 내놓습니까?
개인적으로는 실물 크기의 사람을 공중에 투여할 수 있는 대형 3D 디스플레이를 만들고 싶습니다. 입체 영상을 5K 이상의 해상도로 투여하려면 실물인지 영상인지 사람의 눈으로 구분할 수 없다고 합니다. 이것이 보급되면 동료나 상사도 3D 영상을 통해 회의나 미팅을 할 수 있게 되고, 이제 사무실로 출퇴근하지 않아도 됩니다.

02

상품을 고르는 수고를 줄여주는 AI 코디

초고속3D 프린터 / 퍼스널 스타일리스트 / 피팅 전문점

기술과 패션의 컬래버레이션

옷이 저가화된 2000년대부터 전환기를 맞이하여 부가가치를 추가한 패션 기술이 주류를 이루고 있다. 옷은 소유하는 것이라는 기존의 상식이 '공유'로 뒤바뀌었다. '디자인'은 전자 페이퍼 기술로 인해 애플리케이션을 조작하여 색과 디자인을 일신할 수 있다.

옷 사이즈는 기호에 따라 '딱 맞는다'는 정의가 변하는 분야다. 몸에 걸치는 것 중에서 '꼭 맞아야' 하는 것이 바로 '신발'이며, 이 신발이 퍼스널라이즈의 가장 유력한 후보다.

매장에서 측정하여 발주하는 서비스는 오래전부터 있었지만, 2021년부터는 매우 손쉽게 초단 납기가 실현될 예정이다.

조조^{ZOZO}의 마에자와 유사쿠^{前澤友作} 사장은 '스마트폰을 활용한 발 형태의 계측 기술은 거의 완성 단계'라고 말한다. 발의 좌우 사이즈가 1~2cm 차이 나는 경우는 적지 않다. 마에자와 사장은 이 부분에 주목하여 좌우의 발 형태에 꼭 맞는 신발을 제공하는 PB 상품을 구상 중이라고 했다. 또, 아디다스가 11월에 발표한 깔창 '아디다스 4D'는 한 발 앞의 미래를 보여줬다. 3D 프린터 제품 깔창의 '양산화'에 드디어 성공을 거뒀고 개인이 모양과 형태를 자유자재로 커스텀한 신발을 손에 넣을 수 있는 토대가 만들어졌다. 가볍기도 한 그 물망 구조는 각 부분의 반발력, 충돌 흡수성을 조정할 수 있어 운동 습관에 맞춰 '기능성'을 퍼스널라이즈할 수도 있다.

아디다스는 2017년부터 신발 제조공정을 디지털화하여 초단 납기공장 '스피드 팩토리'를 설립하고 일부 선수를 위해 운동할 때의 데이터를 측정하여 맞춤형 슈즈를 제공하고 있다. 아디다스 4D도 이 공장에서 만들고 있다.

"옷을 고르는" 프로 AI에게 맡기기

조조나 아마존이 연구를 진행하고 있는 것이 '어울림의 수치화'

다. 2017년부터 아마존은 카메라 단말기 '에코 룩$^{Echo Look}$'을 사용한 '스타일 체크'를 미국에서 공개했다. 카메라로 촬영한 스타일의 어디가 좋은지 AI가 조언해주고 있다.

프로나 AI가 코디를 제안하는 '퍼스널 스타일리스트'의 수요는 빠르게 확대하고 있다. 경영 컨설턴트 다케우치 켄레이^{竹內謙礼}는 '정보 과다 시대에 상품을 고르는 번거로움에서 해방되고 싶어 하는 고객도 많다'고 말한다. 에어 클로젯에서는 월정액 렌털 서비스로 옷을 제공하는 공유 서비스와 함께 스타일리스트의 조언을 받을 수 있다. 2015년 서비스가 도입된 직후에는 2만 5,000명의 등록 희망자가 몰렸고 현재 회원 수는 20만 명을 돌파했다.

미래의 의류 업계에서는 실제 매장의 존재 이유도 바뀐다. EC화 비율 증가도 예상되며, '피팅 전문점'이 각지에 늘어날 것이다. GU가 11월에 오픈한 차세대형 매장에는 직접 아바타를 만들어 화면상에서 여러 가지 옷을 피팅할 수 있는 'GU 스타일 크리에이트 스탠드'를 준비했다. 매장에서 판매는 하지 않는 구조다.

공장의 빈 시간을 '공유'하여 새로운 비즈니스를 낳기도 한다. 공장을 연결해주고 수주 생산을 하는 플랫폼 '초 소규모 생산'을 계약했다. 개인도 이용할 수 있으며 의류 업계 진입 장벽이 크게 낮아질 가능성이 있다.

03

의류업계의
미래를 여는
3가지 키워드

빈 공장 셰어

넘쳐나는 인터넷 쇼핑과 패션 사이에서 살아남을 수 있는 방법이 있을까? 지금과 같아서는 금방 따라잡히거나 오히려 뒤쳐진다. 좀 더 장기적인 안목을 가지고 할 수 있는 의류사업의 아이디어를 살펴보자.

• 가상 피팅

GU는 매장에 전용 디지털 게시판을 설치하여 화면상에서 피팅할 수 있는 차세대 매장을 오픈했다. 소비자는 비친 자신의 모습에 여러 가지 옷을 입혀보고 전체 코디를 상상할 수 있다. EC화 진행으로 매장의 역할을 광고와 피팅으로 줄인 시도다.

• 퍼스널 스타일리스트

옷에 무관심한 사람도 고객으로 확보할 수 있는 새로운 서비스가
성장 중이다. 전문 스타일리스트가 코디를 조언해주는 '퍼스널 스타
일리스트'는 향후 성장이 기대되는 분야다. 이미 미국 아마존에서는
AI와 카메라를 활용하여 스타일링에 대한 조언을 받을 수 있는 서
비스를 개시했다. 월정액 패션 렌털 서비스와 조합하여 사용하면 다
양한 스타일링을 즐길 수 있다.

• 소규모 생산 : 개인이 브랜드를 갖는 시대

해외에는 400개가 넘는 공장 등의 빈 시간을 셰어하는 플랫폼이
있다. 소규모 옷 생산이 쉬워지고 개인이 브랜드를 만드는 시대가
도래할 것이다. 이 플랫폼에서는 개인이라도 홈페이지상에서 기존
보다 저렴한 가격으로 옷 생산을 의뢰할 수 있다. 각 공장의 빈 시간
을 연계하여 수발주를 효율화하는 시스템을 구축한다.

매장에서 생기는 고정비를 없애다

• D2C 비즈니스

매장 없이 EC만으로 고객에게 판매할 수 있는 업태를 말한다. 중간 비용이 저렴하고 상품을 저렴한 가격에 제공할 수 있다. 소규모 테스트 판매에도 잘 어울려 개인이 브랜드를 만들기도 쉽다. 소규모 생산이 저렴해지는 초석이 갖춰지면 의류 업계 진입 장벽도 크게 낮아질 것이다.

• 초속 3D 프린트

미국 카본사가 만든 3D 프린터는 빛 조형법을 진화시켜 '기존보다도 100배 빠른' 생산 스피드를 갖추고 있다. 2014년에 붐을 일으킨 기존의 3D 프린터는 양산에 문제가 있었고 생각보다 보급에 시간이 걸렸지만, 이 기술의 등장으로 시장은 다시 부흥할 예정이다.

• 스마트 팩토리

조조 슈트와 같이 측정 기술에만 초점을 두기 쉽지만, 맞춤형 오더를 실현하려면 공급망 강화도 필요하다. 대량생산을 전제로 한 기존의 SPA 방식으로는 대응할 수 없기 때문에 각 회사는 제조 공정을 가능한 한 디지털화하려고 시도하고 있다.

3D프린터를 이용한 첫 양산화

맞춤 신발을 "즉시 납품"하는 시대

아디다스 재팬^{Adidas japan} 부사장 토머스 사일러^{thomas Sailer}는 아디다스의 라이프 스타일 브랜드 커뮤니케이션 부분에서 경력을 쌓고, 2014년부터 일본에서 상품 마케팅, 브랜드 매니지먼트, 스포츠&인플루엔서 마케팅 등의 분야에서 활약 중이다.

○ '아디다스 4D^{adidas 4D}'에 사용되는 선진 기술을 알려주세요.

디지털 라이트 합성이라는 기술에 따라 빛과 산소를 사용한 3D 프린터를 이용하여 제조합니다. 미국 카본사와의 공동 개발로 빠르고 치밀한 깔창 생산이 가능해집니다.

○ 업계에 미치는 영향은 어떻습니까?

시작 제품 활용에 불과했던 3D 프린터에서 대량생산으로 한 발 내딛는 큰 터닝 포인트가 될 것입니다. 몇 년 이내에 아디다스 4D를 탑재한 라이프 스타일과 스트리트용 모델을 발표하여 10만 켤레 이상을 생산할 계획을 세우고 있습니다.

○ 기술이 발전하면서 어떤 미래를 기다리고 있나요?

신발의 제품화에 필요한 18개월이 미래에는 '며칠/몇 시간'이라는 단위로 바뀔 것입니다. 현재 이를 가능하게 하는 디지털 기술을 이용한 신발 제조 공장이 독일의 안스바흐와 미국의 애틀랜타에 있습니다. 이론상으로는 전 세계 어디에든 직영 매장 안에 설치 가능한 설비입니다. 개개인의 운동 특성을 측정하는 데이터 캡처링 기술과 결합하면 퍼스널라이즈된 신발을 '한순간'에 손에 넣을 수 있는 미래가 올지도 모릅니다.

04

미래를 바꾼다!
주목받는 VC가 투자하는
뛰어난 스타트업

급변하기 전에 잡아야 하는 트렌드

세계 각지에서 급성장하는 스타트업이 즐비하다. 여기서는 미래를 내다보는 투자자들이 어떤 스타트업에 투자하는지 일부를 간추려 개괄해보았다. 투자되는 스타트업의 목록을 보면서 향후 미래를 앞서갈 아이템이 어떤 것인지 아이디어를 떠올려볼 수 있겠다.

성장이 기대되는 스타트업을 찾아내 투자하는 벤처 캐피털^{VC}. 생활이 급변할 가능성이 있는 서비스의 씨앗을 찾아내려면 유력한 이 VC 투자처를 찾아야 한다.

손정의가 세운 10조 엔 규모의 '소프트 뱅크 비전 펀드^{SVF}'와 '델타 펀드'가 투자하는 곳에서는 '신규성이 높은 기술이나 차세대 플랫폼이 될 수 있는 분야'가 눈에 띈다. AI를 활용한 숙박요금 시스템으로 저렴한 호텔을 급성장시키고 있는 오요$^{OYO, 인도}$나 세계 최대 택시 배차 애플리케이션 디디$^{DiDi, 중국}$ 등 투자처에는 해외 유니콘이 몰리고 있다. 이는 '게놈 체인저'로서 비즈니스 전체 구조를 바꿀 가능성도 내포하고 있다.

아이디어가 빛나는 곳에 주목하라

한편, 얼리 스테이션(초기 단계)의 '감정'에 주목한 프로 축구선수 혼다 케이스케는 'KSK 엔젤 펀드$^{KSK \, Angel \, Fund}$'를 2016년에 발족했다. 혼다 선수가 직접 경영자와 만나 비전에 공감한 기업에만 투자하고 있으며 '하늘을 나는 자동차' 개발을 목표로 하는 애리얼 랩 인더스트리$^{Aerial \, Lab \, Industries}$나 물건 보관 셰어링 서비스를 제공하는 에코^{echo} 등 아이디어가 빛나는 스타트업이 모여 있다.

다음은 소프트뱅크 비전 펀드&델타 펀드의 손정의가 투자하는 곳들이다.

• 오블 스테이스$^{Orvel \, Stays}$: 호텔 예약 사이트 오요 룸스$^{OYO \, Rooms}$ 운영.

- 위워크^{WeWork} : 코워킹 스페이스 서비스.
- 디디^{DiDi} : 택시 배차 플랫폼.
- 슬랙^{Slack} : 비즈니스 채팅 툴.
- ByteDance : 단편영상 애플리케이션 틱톡^{TikTok} 등 운영.
- 오픈도어^{Open Door} : 부동산 매매 플랫폼.
- 오토원 그룹^{Auto1 Group} : 온라인 중고자동차 딜러.
- 파나틱스^{Fanatics} : 스포츠 관련 상품 이커머스.
- 원 97 커뮤니케이션스^{One 97 Communications} : 온라인 결제 운영 페이티엠^{Paytm} 오픈.
- 라이트^{Light} : 16안 카메라 등 개발.
- 웨그^{Wag} : 강아지 산책 대행 애플리케이션.
- 맵박스^{MapBox} : 지리 정보 플랫폼.
- 가던트 헬스^{Guardant Health} : 게놈 분석에 따른 암 진단 사업.
- 핑 안 헬스 클라우드^{Ping An Health Cloud} : 온라인 의료 포털.
- 플렌티^{Plenty} : 야외 야채공장.
- 브레인^{Brain} : AI를 활용한 자율주행 시스템 개발.
- 자율주행데이터분석^{Nauto} : AI에 따른 자동운전기술 개발.
- 임프로버블^{Improbable} : VR/AR 개발 툴.

이 목록 중 몇 가지만 부가적으로 설명을 덧붙인다.

위워크Wework : 창업가가 모이는 코워킹 스페이스

코워킹 스페이스를 24개국에서 오픈했고, 회원 수는 약 32만 명에 달한다. 창업가, 프리랜서뿐만 아니라 대기업도 이곳을 활용한다. 이벤트 등을 통해 새로운 비즈니스 창조를 지원하기도 한다.

디디DiDi : AI가 최적 배차하는 '기다리지 않는' 택시

중국 등에서 약 5.5억 명이 이용하는 택시 배차 애플리케이션을 공개했다. AI가 수요를 예측하여 최적 배차한다. 얼마 전 오사카에서 서비스를 시작했다.

슬랙Slack : 메일을 대신하는 비즈니스 채팅 툴

여러 클라우드 서비스와 연계하는 비즈니스 채팅 툴을 제공한다. 세계에서 800만 명이 이용하고 있으며, 이용자 수는 2025년 6억 명을 목표로 하고 있다.

비전에 공감한 스타트업을 지원하는 이도 있다. KSK 엔젤 펀드Angel Fund의 혼다 케이스케의 투자처다. 기술을 통해 좋은 세상을 만드는 미션에 투자하는 혼다의 개인 펀드. 투자처는 40개 사에 달한다.

- 라이프 이즈 테크Life is Tech : 중고등학생용 프로그래밍 학원을 오픈. 온라인 학습교재도 판매.
- 애리얼 랩 인더스트리Aerial Lab Industries : 호버 바이크, 드론, 블록체

인 관련 제품, 서비스를 개발.

- 에코echo : 매장의 빈 공간을 활용한 물건 보관 공유 서비스를 오픈.
- 미니스트리 오브 서플라이Ministry of Supply : 외부 기온과 착용자의 체온에 맞춰 의복이 자동으로 데워지는 스마트 재킷을 개발.
- 저스트 워터JUST Water : 종이 보틀을 이용한 미네랄 워터를 판매. 창업자는 윌 스미스의 아들인 배우 제임스 스미스.
- 오 마이 글래시스Oh my glasses : 일본 최대규모 안경, 선글라스, 렌즈의 온라인 판매 사이트 운영.
- 퀀트스탬프Quantstamp : 이더리움의 안전성을 보증하는 가상 통화 'Quantstamp' 개발.
- 아키Aki : AI를 이용한 모바일 마케팅 도구 제공.
- 임프로바도Improvado : 구글Google, 페이스북Facebook, 유튜브YouTube 등 40개 이상의 광고 데이터를 순간적으로 그래프화 하고 가시화 하는 서비스 제공.

에코Echo : 물건 보관을 매칭한다. '빈손' 으로 여행하는 상상을 해보자.
매장의 빈 공간에 물건을 맡겨두는 세계 최초 매칭 서비스를 2017년에 공개했다. 스마트폰에서 간단히 예약과 결제가 가능하다. 역의 코인락커가 부족한 가운데, 외국인 여행객 등에게도 인기를 얻고 있다. 매장 측은 부수입과 방문객을 기대할 수 있다. 해외 오픈도 염두에 두고 있으며 미래에는 물류와 연계하여 물건을 공항으로 보내는 등의 '빈손' 여행도 구상할 수 있다.

05

모든 것은
구독으로 통한다.
서브스크립션

월정액 / 성공의 비결은 결제 횟수 / 가구부터 타이어까지!

네일도 가구도 월정액! 멈추지 않는 서브스크립션화의 물결

서브스크립션^{subscription}형 서비스가 급속도로 확산하고 있다. 스마트폰용 사업개발의 유닉(도쿄 시부야)은 스마트폰 애플리케이션에서 골라 주문할 수 있는 오더 메이드 네일스티커 사업 '유어 네일^{Your Nail}'을 공개했다 일반적인 EC로서 시트 단위로 네일 스티커를 살 수 있는 애플리케이션이다. 여기에 월 1,180엔(세금 포함)으로 네일 스티커를 정기적으로 집에서 받아볼 수 있는 서브스크립션 서비스를 2018년 9월부터 시작했다. 이용자는 3만 개가 넘는 디자인 중에서 매월 2종류를 선택할 수 있다.

　서브스크립션 서비스는 창업 시기부터 주목받고 있었다. 유닉크의 와카미야 카즈오^{若宮 和男} 대표는 창업할 때부터 중시한 포인트로서 '계속성/주기성'이 있는 상품과 서비스를 언급했다. 와카미야 대표는 NTT 도코모에서 근무한 경험을 통해 월정액 콘텐츠의 중요성에 대해 말한다. 예를 들어, 도코모 모바일 사업 'I 모드'는 월정액 이용자가 이용할 수 있는 여러 가지 콘텐츠를 담아 인기를 얻고 있다. '모바일에서 콘텐츠를 배포하는 것만이 주목받을 수 있지만, 월정액 콘텐츠를 만든 점이야말로 발명이다.' 최근 모바일 수익구조의 모토다.

관건은 결제 횟수 감소

　성공의 비결은 결제 횟수다. 한번 결제 프로세스를 완료하면 계속 과금된다. 이에 따른 수익이 축적되어 LTV(고객 생애 가치)가 높아진다. 'LTV와 CPA(고객획득단가)의 밸런스가 나뉘면 얼마든지 마케팅에 투자하여 성공시킨다'가 서브스크립션을 선정한 이점이다.

　유어네일은 꾸준히 필요로 하는 상품 중 고심 끝에 생각해낸 것이다. 네일은 여성의 패션으로 널리 친숙해진 시장이 만들어져 있다. 또 시간이 지나면서 노화나 손톱이 길어지는 생리현상 등이 있으니 정기적으로 네일을 붙이는 사람이 많다. 이를 위해 지속적인 구입이 예상되는 상품으로써 안성맞춤이었다.

게다가 온라인 판매에 진입할 여지가 충분히 있었다. 이 요인은 돈과 시간이다. 프로 네일리스트가 하는 젤 네일 시술은 회당 4,000~8,000엔이다. 거기에 라인이나 스톤을 추가하면 1만 엔은 훌쩍 넘는다. 또 시술 시간은 두세 시간 걸린다. 네일은 돈과 시간에 따른 제약이 크다. 네일의 우선순위가 낮은 여성은 즐기기 어려운 상황이었다.

반대로 생각하면 저렴한 가격으로 시간이 걸리지 않고 즐길 수 있는 네일이 있으면 잠재적인 니즈를 거둘 수도 있다. 그래서 생각해낸 것이 네일 스티커의 온라인 판매 사업이다. 애플리케이션으로 주문할 수 있고 붙이기만 하면 되기 때문에 시술 시간도 필요 없다. 가격은 1장당 690엔(세금 포함)이다. 첫 주문 시 사이즈를 등록하면 이후는 본인 손톱에 딱 맞는 스티커가 배달된다.

하지만 높은 LTV로 기대할 수 있는 것은 어디까지나 이용자가 유지돼야 한다는 사실이다. 이용자가 사용하는 장점을 느끼고 계속 이용을 해야 한다. 거기서 유어네일 구독 서비스를 고안한 와카야마 대표는 이용자가 직접 디자인하고 그 디자인을 서비스상에 공개하여 다른 이용자도 주문할 수 있는 시스템을 떠올렸다. 유어네일은 이 이용자가 직접 상품을 개발해가는 시스템을 'UGP^{User Generated}

^{Product'}라는 이름을 붙였다. 이용자가 늘수록 구입할 수 있는 디자인 종류도 늘어나고 선택하는 즐거움이 생긴다. 이는 지속적인 이용으로 이어질 것으로 생각했다.

결국 이는 성공했다. 현재는 매월 수천 개의 디자인이 탄생하고 있다고 한다. 디자인 총 개수는 서비스 개시한 지 1년 만에 3만 개를 넘었다.

향후 지속률 향상을 목표로 커뮤니티 전략에 힘을 쏟는다. 이용자끼리 만든 디자인을 평가하거나 이용자를 초대한 이벤트를 주최하는 등 이용자 간의 연결을 강화시킨다. 나중에는 유어네일의 인기 디자인도 발굴할 생각이다.

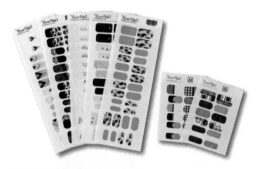

유어네일이 제공하는 네일 제품.

06

저렴한 가격으로
렌털을 권하다

렌털 가구 / 이용과 소유라는 선택지 / 렌털 기간 선택

가구를 빌린다는 인식을 향상시킨다

가구의 서브스크립션 서비스에 도전하는 벤처 기업도 등장하고 있다. 카말크KAMARQ 재팬은 2018년 9월 13일부터 월정액으로 원하는 가구를 빌릴 수 있는 서비스인 '서브스크라이프subsclife'를 시작했다. 이 회사는 5월에 자사생산 가구의 서브스크립션 서비스를 시작하면서 '가구 렌털'에 대한 소비자 인식이 매우 낮다는 과제에 부딪혔다. 인식을 향상하기 위해 상품 라인업을 확충하여 선택지 폭을 넓혀야 한다고 판단하고 서비스 이름을 자사 제품에 한정시키지 않

고 여러 가구를 월정액으로 이용할 수 있는 서비스로 쇄신했다.

이 쇄신에 따라 타사 제품도 취급하기 시작했다. 이로 인해 카말크에서 생산하지 않는 침대나 소파 등의 대형가구를 중심으로 한 라인업을 대폭 확충하면서 기존의 약 30개의 상품에서 200개로 상품 수를 확대했다.

3개월을 빌릴 것이냐, 24개월을 빌릴 것이냐

상품별로 매월 지불하는 금액이 정해져 있고 빌리고 싶은 상품을 조합하면 요금이 정해지는 것이 특징이다. 렌털 기간은 3개월부터 최대 24개월까지 가능하다. 기간이 짧을수록 월정액 비용은 올라간다. 렌털 기간을 기준으로 희망 소매가격의 80%를 지불하도록 설계됐기 때문이다. 즉 금리나 수수료 없는 분할납부와 같다고 할 수 있다. 이용자는 장기간 빌리면 그 가구가 질려도 새로 구입하지 않고 새 가구를 이용할 수 있다. 지불 금액도 희망 소매가격의 80%이므로 오히려 이득이다.

저렴한 상품으로는 월 700엔에 인테리어에 적합한 의자를 빌릴 수 있다. 한편 소파 등 고가의 상품은 월 1만 엔을 넘는 상품도 있다. 서비스 시작부터 1주일 정도지만 다이닝 의자는 수요가 높은 경향이 있다. 카말크 재팬의 마치노 켄^{町野健} 대표는 '개인이라도 라이프 스테이지의 변화 등에 맞춰 임기응변에 따라 가구를 선택하는 서비스는 소비자 측의 장점도 크다'고 서비스 개발 배경을 설명했다. 설정한 이용 기간이 끝난 후에 반품이 아닌 지속 이용, 교환, 구매와 같은 선택지도 있으며 상품의 '이용'과 '소유'와 같은 선택지가 늘어나 구입 장벽이 낮아진다.

이사 날짜에 맞춰 렌털 기간을 바꾸다

예를 들어 임대 맨션의 계약 종료 기간에 렌털 종료예정일을 맞추고 이사할 때 새로운 방 사이즈에 맞춰 빌리는 가구 교환이라는 방식으로 이용할 수 있다. 만약 빌린 가구가 마음에 들었다면 그때까지 지불했던 렌털료와 희망 소매가격의 차액을 지불하면 구입도 할 수 있다.

서비스 시작 후에 상상 이상으로 오피스 가구 렌털 수요도 높다는 사실을 알게 됐다. 이사나 창업 시, 한 번에 가구를 맞추려고 하면 초기 비용이 들지만, 그 비용을 수십 분의 1 이하로 낮출 수 있다. B to B용도 주 수익으로 키울 수 있다는 생각이다.

구독은 인정적 수입을 향하는 한 방법이다.

07

타이어를 팔지 않고도
수익을 내는 브리지스톤

소모품의 유지 보수 / 부품의 패키지화 / 재활용

계약지속율 '100%'의 타이어 서비스

세계적인 타이어 업체 브리지스톤은 'TTP^{Total Package Plan}'라는 이름

으로 월정액 서브스크립션 서비스를 제공하고 있다. 주요 고객은 트

럭이나 버스 업계로 B to B 비즈니스로서 확실한 수요를 거두어들

이고 있다.

새 타이어뿐만 아니라 마모된 고무를 교체하여 재생시킨 '재생

타이어'를 조합하여 제공도 한다. 또 이 타이어의 유지보수까지 '토

탈'로 맡은 솔루션 비즈니스다.

직원도 타이어 세일즈맨이 아니라 회사의 이야기를 듣고 타이어의 사용 상황을 조사하여 기업별로 니즈를 고려한 가격으로 타이어 종류나 유지보수 플랜을 조합한다. 연비를 개선하려면 어떻게 해야 하는지 전체적으로 비용을 줄이려면 어떻게 해야 하는지를 제안하는 역할로 컨설턴트에 가깝다.

타이어에서 시작한 유지보수 패키지

이런 패키지가 탄생하게 된 계기는 2007년으로 거슬러 올라가면 알 수 있다. 브리지스톤은 당시 재생 타이어의 탑 러너였던 미국의 밴닥^{Bandag}을 매수하여 재생 타이어 보급에 나서게 됐다. 단독 판매보다 새 타이어, 타이어의 유지보수와 세트로 패키지화하는 편이 전국의 매장 망과 자사 서비스 힘을 풀로 활용할 수 있다고 생각했기 때문이다. 이른바 요즘 서브스크립션 비즈니스의 선구자다.

매월 금액은 브리지스톤의 경우, 기업이나 사업소에 따라 상이하다. 타이어의 사용 상황에 따라 최적의 자격을 제안하기 때문이다. 먼저 새 타이어를 제안하고 계약 기간 중은 때에 맞춰 유지보수를 실시한다. 요청에 따라 재생 타이어로 교환하고 일정 기간에 도달하면 타이어를 폐기하고 재활용하는 흐름이다.

고령화, 인력 부족을 고려할 때 상업상 좋은 기회

TPP의 이용대수는 2017년 말 시점으로 약 2만 7,000대에 달한다. 보유 대수가 20대 전후의 사업소 단위 계약이 많고 지속률은 '거의 100%'(브리지스톤)라고 한다. 시대에 알맞은 니즈를 잡았기 때문에 순조롭게 흘러간다.

고령화가 이어지는 상황에서 운송업은 화물량이 늘고 인력 부족이 심각해지고 있다. 안전운행을 위해 섬세한 유지보수가 필요하지만, 그 부분에 사람을 할애할 여유는 없어지고 있다. 즉 정비 내재화가 곤란해진 것이다. 그러나 브리지스톤에 정비까지 모든 것을 아웃소싱하면 본업에 주력할 수 있다. 노무 부담을 크게 경감할 수 있을 뿐만 아니라 월정액을 지불하기 위해 미리 예산을 세우는 일은 기업에도 큰 도움이 된다.

유지보수 등의 서비스료가 추가되기 때문에 타이어의 직접 구입보다 비용이 늘어나지만, 안정과 안심, 그리고 정비에 드는 수고비를 생각하면 TPP를 선택하는 장점은 충분히 있다고 할 수 있다.

재생 타이어라니, 불안하지 않을까?

재생 타이어라고 해도 누가 사용했는지 알 수 없는 타이어를 재

사용하지 않고 주행 이력을 충분히 파악한 자사 타이어를 재생하므로 안심할 수 있다. 새 타이어를 수명이 다할 때까지 사용하고 재생 타이어로 '2차 수명'까지 남김없이 사용하는 고도의 정비력이 필요하지만 이도 브리지스톤에 위탁하면 가능하다. 타이어의 수명이 늘어나는 것은 경비 삭감이나 환경 경영으로도 이어진다.

브리지스톤 입장에서 보면 수입원이 타이어의 자체인 상태에서 벗어나 수익원을 분산할 수 있다. 고객과의 지속적인 접점도 가질 수 있으며 계약 수가 늘어나면 겨울의 스터드리스 타이어 교환기 등 정비 작업이 집중되는 시기가 겹치지 않도록 하여 평준화할 수 있다.

B to C까지 갖고 갈 수 있을까?

그러나 이 비즈니스모델을 B to C로 넓히려면 넘어야 할 벽이 있다. '트럭이나 버스 운전기사는 프로다. 어느 정도 어떻게 주행해야 하는지, 얼마나 달릴지 예측할 수 있지만 패턴을 읽을 수 없다'고 브리지스톤 타이어 재팬은 말한다.

카 셰어링이 더 보급되는 등 소유에서 이용으로 이어지는 흐름이 가속화하고 주행 데이터를 축적하는 모니터링 시스템이 갖춰져야 패키지 제안이 가능해진다. 타이어로만 구성된 패키지로는 언제까지 고객을 붙잡을 수 있는지는 미지수다.

2018년의 트럭과 버스용 타이어 수요는 1,811만 2,000개로 한계에 달한 상태가 지속하고 있다^{일본 자동차 타이어 협회 조사}. 타이어를 판매만 하면 성장을 계속할 수 없다. TPP는 '전사에서 보면 아직 몇 %의 사업 규모'에 불과하지만 성장할 가능성은 있다. 다시 말해 브리지스톤과 같이 대기업은 물건뿐만이 아니라 서비스도 판매해야 하는 시대에 다다른 것이다.

08

미국 아마존의 전자레인지

월정액 식재료 서비스 / AI 연계 서비스

사용해보니 알게 된 놀라운 서브스크립션 전략

미국의 아마존닷컴은 2018년 9월에 발표한 음성 AI 연계가 가능한 전자레인지를 납품하기 시작했다. 59.99달러라는 저렴한 가격으로 구입 장벽을 낮추고, 아마존 이커머스와 연계된 새로운 서브스크립션 계약을 추진하는 역할도 갖고 있다.

미국 캘리포니아주의 실리콘밸리에 있는 집에 아마존 오리지널 가전 시리즈의 전자레인지 '아마존 베이식 마이크로웨이브^{Amazon Basics} Microwave'가 도착했다. 아마존의 미국 본사 주소가 기재되어 있고 중국 제조로 2018년 10월에 생산되었다고 한다. 출력은 700W로 다소 낮지만, 동급수준의 제품보다 20~30달러 저렴한 느낌이다.

부엌에 설치하여 설명서대로 아이폰의 '아마존 알렉사Amazon Alexa'의 애플리케이션으로 설정하자 매우 간단히 연결되었다. 전자레인지 표시 부분에 'SUCC(성공)'과 'WiFi 마크'가 표시된다. 애플리케이션에서 전자레인지의 디바이스로는 아마존 외에 'GE'를 선택할 수 있다. 아직 음성 인식 기능은 없는 상태다.

전자레인지 이용 횟수로 예측하는 식재료 구독

아마존은 이번에 일정 조건으로 식재료를 자동으로 배달시키는 서브스크립션 서비스도 제공한다. 전자레인지로 조리한 양과 횟수로 판단하여 자동으로 아마존에 재료를 발주하도록 설정할 수 있다.

첫 번째로는 팝콘 재료다. 당장 스마트폰 애플리케이션으로 설정해보았다. 아마존 베이식 마이크로웨이브가 연계 디바이스로 등록되어 있어 전자레인지가 주인 대신이 팝콘 재료 패키지를 자동으로 주문했다. 모두 애플리케이션만으로 간단히 설정할 수 있고 아마존이 가전으로 진출한다는 것이 어떤 것인지 실감할 수 있었다.

서브스크립션은 음료나 세제 등의 생활용품을 버튼 하나로 주문하는 '아마존 대시 버튼Amazon Dash Button'의 시스템을 이용하여 실현하고 있다. 이로 인해 팝콘 이외에도 피자나 여러 가지 식재료로 전개가 간편히 가능해질 것이다. 실제로 아시아 가정에서는 팝콘을 조리할 일이 거의 없기 때문에 다른 식재료가 준비될 수도 있다. 하지만 재료가 떨어질 타이밍에 집에 도착하기만 한다면 슈퍼에서 재료나 식자재를 살 필요가 없어질지도 모른다.

아마존은 아마존 베이식 마이크로웨이브로 인해 부엌, 즉 음식시장을 본격적으로 위협할 거점을 만들었다. 식재료의 서브스크립션에 레시피 제공과 그에 따른 전자레인지의 세심한 제어 등 여러 가지 전략을 준비해주지 않을까?

09

월정액 서비스를 궤도에 올리려면 무엇이 필요할까?

구매하지 않는 고객을 끌어들이는 매력적인 모델

서비스 개선과 영원한 베타 서비스

서브스크립션형 비즈니스가 잘되고 있다고 하지만, 사실 서브크 스립션형 비즈니스에서 월정액 과금을 신설하려면 오히려 잘 될수 록 쉬운 비즈니스는 아니다.

그렇다면 서브스크립션 모델을 궤도에 올리려면 무엇이 필요할 까? 고객 기점으로 서비스를 발상하여 고객의 마음에 응답할 수 있 는 서비스를 계속 개선해야 하고 이를 위해서는 영원한 베타판을 꾸준히 제공하여 고객이 질리지 않도록 노력해야 한다.

서브스크립션 비즈니스의 성공에 필요한 발상의 전환에는 어떤 것이 있을까?

먼저 왜 지금 서브스크립션 이코노미가 급속도로 진전되고 있는지 다시 한번 되새겨봐야 한다. 이는 고객 시점에서의 이유와 기업 시점에서의 이유 2가지가 있다.

고객 시점에서는 고객의 니즈가 소유에서 이용으로 이동된다는 점을 들 수 있다. 자동차로 말하면 예전에는 '스카이라인 GT를 타고 싶다'고 생각한 특정 차종에 대한 강렬한 동경이 있었고 이는 소유욕으로 이어졌다. 최근에는 봄부터 가을은 바비큐 기기를 싣고 친구들과 놀러 가기에 안성맞춤인 아웃도어용 SUV나 미니밴, 겨울에는 눈길에도 대응 가능한 사륜구동이 좋다는 등 이용목적에 맞춰 자동차를 선택하고 있다. 이용 목적이 여러 개인 사람은 같은 자동차에 계속 탑승하는 소유보다도 렌터카나 카셰어, 서브스크립션 등의 이용으로 대가를 지불하는 편이 매력적으로 비춰진다.

한편, 기업 시점에서는 기능적인 차별화가 어렵고, 물건을 팔지 못하는 인구 감소시대가 오며, 지금까지의 상품과 서비스 판매 모델에 한계가 있어 새로운 수익 모델을 확립해야 하는 시기가 왔다. 그래서 기존의 상품과 서비스를 조합하여 완전 판매가 아니라 월정액 과금 이용인 스톡형 비즈니스의 가능성을 봤고 이는 현재 기업을 둘러싼 상황이다.

물건이 아니라 '편리한 생활 체험'을 판다

기업이 서브스크립션형 비즈니스를 성공시키려면 고객의 소유욕을 만족시키는 생각에서부터 사용하고 싶을 때 언제든 사용할 수 있는 편의성 향상에 주력해야 한다. 말은 쉬워 보이지만 이를 실현하려면 기존의 비즈니스 사고와 시스템의 근본부터 바꿔야 한다.

먼저 가격 설정은 원재료비+제조 비용 또는 매입가격에 적정 이익을 추가하는 기업의 적재형에서, 고객측 이용가치를 베이스로 한 설정으로 바뀐다. 어느 레벨의 상품군을 세트로 하여 몇 번이나 바꾸고 사용하도록 하면 이득을 느끼는지, 고객의 입장에서 생각하여 매력적으로 느낄 만한 지혜를 모아야 한다.

마케팅, 특히 광고 전선에서 주로 강조하는 부분들이, 지금까지는 '언젠가는 1위'와 같은 타사의 경쟁 상품이 아닌 이 상품을 선택하고 싶은 이유를 붙인 이른바 브랜딩이 중시되어 왔지만, 여러 상품을 세트로 제공하는 케이스가 많은 서브스크립션 비즈니스에서는 서브스크립션을 이용하여 생활이 편리해지고 풍부해지는 체험, 즉 고객의 경험 가치를 올리는 것이 포인트가 된다. 이에 따라 세일즈도 물건 판매가 아닌 물건화하는 서비스 가치를 제시하고 어필하는 방향으로 바뀌었다.

정산은 1회 구입별 매출을 계산하여 상품 유닛단위로 손익을 관리하는 방식에서 LTV 시점에서 관리하는 형태로 바뀐다. 그리고 마케팅 부분의 문화도 히트상품이 단번에 그 귀추가 결정되는 상황보다 LTV의 향상을 KPI(중요업적평가지표)에 맞춰 기존 고객과의 관계를 중시하는 조직문화로 바뀐다.

시작은 했다. 성장은 어떻게 하는가?

서브스크립션 비즈니스를 성장시키려면 고객 수×계약 요금제 금액×계약 기간을 각각 증가시킬 필요가 있다. 이를 위해서는 '고액 코스의 매력을 어필하고 업셀을 늘린다' '부가적인 서비스를 옵션으로 준비하여 추가(크로스셀)를 촉진한다' '해약을 줄인다' '기존 고객의 소개로 신규고객을 획득한다' 등이 필요하다.

쿠와노 사장은 해약을 줄이는 방책으로 '요금을 부과하지 않는 〈일시정지〉를 마련하여 해약을 검토하고 있는 계약자와 계약을 끊지 않는' 방법을 제안한다. 해약한 고객이 다시 서비스를 해야 하는 경우, 첫 이용자와 똑같이 신청 절차가 필요하고 과거의 이용 이력도 되살릴 수 없는 등 잃는 부분이 많다. 그렇게 되면 경쟁사의 타 서비스로 바꿀 가능성도 있다.

다시 이용하면 정지된 과금이 다시 부과만 되도록 하여 자유롭게 이용과 정지를 오갈 수 있다면 고객이 서브스크립션 서비스를 줄이고자 할 때도 해약을 면하고 살아남을 수 있고, 향후의 가능성도 남

겨둔다. '더는 사용하지 않는다' → '조금만 더 사용하자'가 된다. 이런 고객의 라이프 스타일의 변화에 따라 사는 '마음'에 따를 수 있는 서브스크립션 모델이 성공할 가능성이 있다.

내 아이템은 월정액 서비스와 어울릴까?

취급상품과 서비스의 성질상, 자사에 서브스크립션 모델은 어울리지 않는다고 생각하는 기업경영층도 많을 것이다. 하지만 상품을 서비스화하는 방향으로 바꾸면 활로가 열리는 경우가 있다.

해외의 유니크한 서브스크립션 모델로서 기타 업체의 미국 펜더^{Fender}가 2017년 여름부터 제공하고 있는 온라인 기타 학습 시스템 '펜더 플레이^{Fender Play}'가 있다. 이 시스템은 스마트폰 애플리케이션 또는 노트북에서 수강할 수 있고 학습하고 싶은 음악 장르를 등록하면 장르에 맞춘 레슨 영상이나 레벨에 맞는 과제 곡이 전송된다. 요금은 첫 달은 무료 이용할 수 있으며 그 이후부터 매월 19.99달러를 지불하면 된다. 유명한 곡의 반복 구절을 연습하면서 마스터한 기법을 체크하여 학습 진도를 관리할 수 있다.

기타를 시작한 사람의 대부분은 1년 이내에 좌절하게 되고, 두 번째 기타를 구입하게 되는 경우는 거의 없다. 이 부분의 장벽을 허물기 위해 연습 프로그램을 서브스크립션 모델화한 것이 이 서비스다.

펜더에는 없는 기타 플레이어도 이용할 수 있다. 적정 상품의 안내를 도와주고 타사 고객의 교체도 기대할 수 있다.

기타 업체라고 해서 기타를 얼마든지 교체하고 사용할 수 있는 서브스크립션 방법만 있는 것은 아니다. '기타를 잘 치고 싶은데 잘 안 된다'는 문제를 해결하는 방법으로서 레슨비를 매월 지불하는 형태인 서브스크립션 비즈니스가 안성맞춤인 모습을 보면 알 수 있다.

자사에서 취급하는 상품으로 어떤 서비스를 제공할 수 있을지 생각해보면 어떨까? 서브스크립션은 다른 세계라고 생각하는 사람일수록 생각해볼 가치가 있는 것 같다.

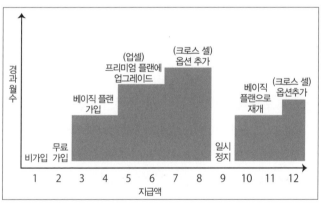

서브스크립션 수익 모델의 이미지. 휴지→재개를 원활하게 하여 고객과의 관계가 끊이지 않도록 하는 방법이 필요.

10 작은 병을 발견하는 의료 AI

의료 AI / 의료 사진과 딥러닝

더 정밀하게, 더 확실하게

제3차 AI 붐에 불을 붙인 딥러닝은 사진인식률의 정밀도를 끌어올려 사람의 '눈'을 대신하는 능력을 갖춘 기기로 여러 업계에 지금까지는 없었던 임팩트를 가져다주고 있다. 의료업계도 그중 하나다. 사실 이미 일본 국내 의료현장에서 사용되고 있는 딥러닝의 실사례는 의외로 잘 알려지지 않았다.

의료사진의 딥러닝 응용으로 우위성이 있는 것은 캐논 메디컬 시스템이다. 캐논 메디컬 시스템은 딥러닝을 활용하여 CT 사진의 노이즈를 제거하는 CT 재구성기술 'AiCE^{Advanced Intelligent Clear-IQ Engine}'(에이스)를 엑스레이 CT기기의 상위기종인 '고정밀 CT 애퀼리언 프리시전^{Aquilion Precision}'에 탑재했다.

AiCE는 이미 일본 국내 의료현장에서 사용되고 있다. 2018년 3월에 약기법(의약품, 의료기기 등의 품질, 유효성 및 안전성 확보 등에 관한 일본 국내법률)이 허가되었다. 이를 통해 의료사진에 딥러닝을 활용한 의료기기가 일본 국내에서 처음으로 허가받았다.

더 낮은 피폭량으로 CT 사진을 찍는다

췌장은 작은 장기이므로 췌장암의 경우, 작은 병변 대조가 미세하여 기존의 CT로는 발견하지 못하는 경우가 많았다. X선량을 늘리면 더욱 정교하고 세밀한 영향을 볼 수 있지만, 피폭선량도 함께 늘어난다. 하지만 AiCE를 사용하면 낮은 피폭선량으로 해상도가 동등한 수준의 CT 사진을 재구성할 수 있다.

AiCE는 딥러닝을 통해 설계되었고, 노이즈 성분과 시그널 성분의 식별 처리로 인해 CT의 분해능을 유지한 채 노이즈를 선택적으로 제거하는 재구성기술이다. '딥러닝 학습에 사용되는 데이터에는 캐논 메디컬 시스템의 (또 다른 화상 재구성기술인) MBIR로 얻은 고화질 데이터가 사용되고 있다. 이를 통해 CT 스캐너가 가지고

있는 최대한의 분해능을 끌어내면서 높은 노이즈 저감효과를 얻게
된다.

MRI 사진도 노이즈 제거가 가능하다

업체 측은 'MRI 사진도 딥러닝을 활용하여 노이즈를 제거하면
촬상 시간을 단축하면서 같은 수준의 화질을 재구성할 수 있고, 현
재는 개발단계로 일본 국내 약기 신청은 이제부터 시작'이라고 말한
다. MRI는 촬상하는 시간이 오래 걸린다. 딥러닝을 활용하여 촬상
시간을 단축할 수 있다면 환자의 부담을 줄일 수 있다.

또 캐논 메디컬 시스템은 딥러닝을 활용한 화상진단지원 시스템
의 개발에 발을 내디뎠다. 엑스레이 사진을 포함하여 MRI 사진, CT

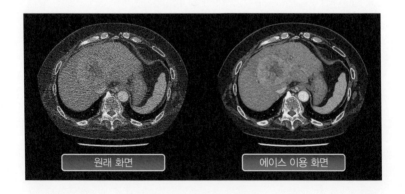

사진 등 의료사진과 전문의를 통한 진단을 세트로 하여 교사 데이터를 딥러닝으로 학습시킨 의료사진진단지원 알고리즘을 사용한다 (교사 데이터란, AI를 학습시키기 위한 데이터를 말한다). 의료사진에서 특징량을 추출하여 정상인지 이상이 있는지, 만약 이상이 있는 경우, 어떤 병일 가능성이 있는지, 진단을 지원하는 의료시스템이 된다. 진단정밀도의 향상뿐만 아니라 전문 의사 부족 문제도 해소할 수 있게 된다.

11

사람이 없어도
경비는 가능하다

'문외불출 노하우'를 살린 도난 방지 AI / 무인경비

절도를 예측할 수 있다?

종합경비보장^{ALSOK}은 경비원의 노하우를 살린 딥러닝 활용을 통한 절도 예측 실증실험에 약 10개 회사와 함께 노력하고 있다. 대량판매점이나 고급 슈퍼 등의 매장에 도난을 미연에 방지하는 것이 목표다.

교사 데이터는 실제 절도범의 영상이다. 경비원이 절도범의 움직임 중 어디에 주목하고 있는지 학습된 모델 개발에 활용하고 있다. 딥러닝의 알고리즘은 AI 전업 팍샤^{PKSHA} 테크놀로지가 제공한, 업계

나 용도 특화형 딥러닝 기술을 이용한 화상 식별 엔진 '버티컬 비전 Vertical Vision'을 활용하고 있다.

ALSOK 경비원 중 보안경비 업무에 종사하고 있는 사람은 절도범을 구분하는 노하우가 있다. 절도범의 어떤 행동에 주목하는지 등이 해당한다.

ALSOK 시큐리티의 쿠와바라 에이지桑原英治 과학연구소장 집행임원대우는 당사에는 문외불출 노하우가 있어 도난예측 학습모델을 구조설계에 살릴 수 있다고 한다. 두리번거리는 눈이나 손의 움직임 등을 보고 수상한 사람을 판단하는 노하우가 경비원의 머릿속에 들어 있다. 영상의 어떤 부분에 주목하면 되는지가 포인트다. 이번에 딥러닝 학습된 모델을 개발할 때에 이런 노하우를 살릴 것이라고 한다.

딥러닝 분석을 통한 새로운 접객 실현

경비사업에서 딥러닝 활용 시도는 도난 방지 예방뿐만이 아니다. ALSOK은 2018년 1월 22일~31일까지 미쓰비시지쇼三菱地所, 팍샤 테크놀로지와 함께 도쿄의 마루노우치 빌딩 지하 1층에서 딥러닝 활용을 통한 '새로운 접객 서비스'의 실증실험을 했다.

'개인정보 보호에 관한 법률 가이드라인'에 따른 시설 내에서의

통지 등의 조치를 취하고 프라이버시를 배려한 가설 카메라를 설치하여 통행인의 행동을 자동검지하여 분류했다. 교사 데이터용 동영상을 수집한 기간은 2017년 11월 14일~2018년 1월 31일이다. '동영상에 라벨을 붙이는 아노테이션 작업에 시간이 걸렸다고 한다.

검지한 행동은 '두리번두리번' '왔다 갔다'와 같은 길을 잃은 행동이나 '주저앉거나' '쓰러지는' 등 몸이 좋지 않을 때 하는 행동, 휠체어를 이용하는 행동, 영유아를 데리고 있는 행동 등이다. '주저앉는 행동'은 심장질환 가능성이 있기 때문에 이를 감지하면 경비원이 AED(자동제세동기)를 가지고 달려가는 액션으로 이어질 수 있다.

미쓰비시지쇼로서는 딥러닝 활용에 따라 빌딩의 유지관리 비용을 줄이고자 하는 의도도 있다. ALSOK으로서는 경비의 효율적인 운용뿐만 아니라 운용 품질 향상과의 양립을 노리고 있다. 자동으로 감지하게 되면 경비원이 효율적으로 달려갈 수 있다.

12

이제는 사람이 아니라 기계가 만드는 웹사이트

물건 사진을 AI로 자동분류 / 월 3,000시간 업무시간 단축

수많은 데이터와 사진, 어떻게 하면 더 빠르고 정확하게 올릴까?

임대 주택 등의 건설, 입주자 시건 등의 대기업인 다이토 트러스트는 자사의 방 찾기 사이트 '좋은방넷'에 게재하는 물건 정보 사진 등록을 사람 손에서 AI 활용 시스템으로 전환했다. AI가 자동으로 물건 사진을 분류하여 직원의 업무시간을 줄여준다.

'다이토 트러스트는 103만 건의 임대물건을 관리하고 있다. 관리 인건비는 물건의 증가에 비례하여 늘릴 수 없다. 일하는 시간은 한정되어 있기 때문에 업무 효율을 향상시켜 대응해야 한다. 회사 관

계자는 업무효율 향상 대책을 검토하면서 AI 활용이 하나의 아이디어로 떠올랐다고 말한다. 아베 과장은 정보 수집을 위해 참석한 구글 주최 이벤트에서 자동차의 사진 분류 등으로 딥러닝을 활용하고 있는 사례를 눈앞에서 보고 자사 업무의 자동화에도 활용하고 싶다고 생각했다. 다이토 트러스트가 물건 사진 분류에 딥러닝을 사용하고자 하는 의사를 구글에 나타내자 데이터 활용 솔루션 제공 등을 다루는 블레이패드를 소개받았고 2017년 가을에 직접 상담을 받기도 했다. 실제 프로젝트는 2018년 1월에 시작한다. 물건 사진의 카테고리를 나누는 시스템은 6월에 시범적으로 도입했고 7월에는 다이토트러스트의 모든 영업소에서 실제로 가동하기 시작했다. 프로젝트 시작한 지 약 반년이라는 빠른 시간에 가동을 실현했다.

짧은 구축 시간, 1개월 반 만에 모델화

딥러닝으로 웹에 게재한 물건의 여러 사진을 게재 카테고리에 맞춰 분류하는 업무의 자동화 구축을 노리고 있다. 기존에는 담당자가 촬영해온 물건 사진을 '거실' '부엌' '화장실' '욕실' 등 21개의 카테고리에 사람이 분류하고 데이터로 등록했었다. 이 작업은 1건당 약 10분 정도 시간이 걸린다. 1건당 소요 시간을 보면 시간이 오래 걸리는 느낌이 들지는 않지만 이를 계산하면 연간 30만 건의 물건을 등록하는 입장에서는 전체 작업 시간이 방대해진다.

딥러닝으로 사진 확인이나 음성인식 등을 실현하려면 대부분의 케이스에서는 학습용 데이터가 부족한 점이 문제가 된다. 그러나 다이토 트러스트에서는 기존의 업무 프로세스로 물건 사진을 많이 촬영했고 또, 실제 담당자가 21개 분류로 카테고리를 나눠왔다. 교사 데이터로서 실전에서 사용하고 있는 높은 수준의 데이터가 대량으로 축적된 것이다. 이로써 딥러닝 도입의 제1단계 과제는 해결됐다.

딥러닝의 프레임워크에는 구글의 오픈소스 개발 프레임워크 '텐서플로TensorFlow'를 이용하여 뉴럴 네트워크 구축에 '케라스Keras'를 이용했다. 그리고 사진 인식 등에 이용한 대표적인 딥러닝 모델인 'VGG16'을 사용하여 다이토 트러스트가 축적한 데이터를 재학습 시켰다. 이는 전이학습(트랜스퍼 러닝)이라는 방법으로 사진 인식의 기본적인 모델로서 기존의 모델을 이용하여 고객 고유의 데이터를 사용해 커스터마이즈한 것이다. 21개 분류는 각각 2,000~4,000장의 사진을 사용하여 학습시킨다. 총 수만장 정도가 되는 이 사진들은 전이학습으로서는 탁월한 학습데이터 사용법이 된다.

사람이 하는 일은 바로 손실 방지

분류를 실행하면 정밀도가 높은 분류와 낮은 분류로 나뉜다. 브레인패드 애널리틱스 서비스 본부의 하야카와 료^{루川遼} 어카운트 매니저는 사진에는 분류별 특징이 강하기 때문에 같은 분류라도 특징이 희박한 것이 있다며, 부엌이나 화장실, 욕실 등은 누가 봐도 알기 쉽지만, 현관이나 '그 외 방'과 같은 분류는 사진 특징이 균일화되어 있지 않아 높은 정밀도를 기대하기 어렵다고 말했다. 실제 '정답'이라는 데이터도 담당자가 카테고리로 나눴기 때문에 주관성이 포함되어 있다. 완전 자동화는 어렵다. 어디까지 자동화하고 어디까지 사람이 체크할지 그 기준을 정하는 것이 실제 시스템에서는 중요하다는 사실도 재확인했다.

딥러닝을 통한 사진 분류는 '100% 정밀도가 되는 일은 절대 없다. 사람이 어떻게 손실을 막을지 생각해야 한다'고 하야카와 매니저는 말한다. 실제 시스템에서는 딥러닝을 통한 분류 결과가 표시되어 그 사진을 웹에 게재하여 공개할 때 사람의 눈으로 체크하고 있다. 카테고리 분류가 정확한지 사진의 게재순서가 기준에 맞는지 확인을 거쳐 공개하고 있다.

다이토 트러스트는 70%의 시간 감축 효과를 '기대'하고 있다. 평균 10분 소요 작업을 3분까지 단축할 수 있는 효과를 기대하고 있다. 1건 등록에 10분 걸리면 30만 건은 연간 300만분 즉, 5만 시간이 걸린다. 이를 70%로 줄일 수 있다면 연간 3만 5,000시간, 월로 계산하면 약 3,000 시간의 업무가 개선된다.

프로젝트 시작 후 반년 만에 본격적으로 가동한 물건 사진 카테고리 분류 시스템으로 업무는 앞으로 눈에 띄게 개선되어 효율이 올라갈 것이다.

13

어업에도
미래 산업이
있을까?

AI 카운팅 / 연간 250만 시간 이상의 작업 절약 / 어업과 딥러닝

참치 양식도 기계가 한다

IT 도입이 늦은 어업에서 소지쓰는 딥러닝을 사용한 좀처럼 보기 힘든 노력을 하고 있다. 덴쓰국제정보서비스[ISID]와 협업하여 딥러닝으로 참치의 수를 파악하려고 노력하고 있다. 처음에는 관계자도 '불가능'한 도전이라고 했지만, 실증실험에서 좋은 결과를 얻게 되자 본격적인 개발에 나섰다.

종합상사 소지쓰는 2008년 감소하는 참치 공급의 안정화를 위해 나가사키현 마츠우라시 다카시마[鷹島]에 전액 투자한 자회사 소지쓰

튜나팜 다카시마를 설립하여 참치 증식 사업을 시작했다. 출하하기까지 3년 이상 걸리는 참치 증식, 비용의 절반 이상은 사료비다. 그래서 사료량의 최적화와 정밀도가 무엇보다 중요하다. 적절한 사료량을 정하려면 한 조에 몇 마리의 참치가 있는지 정확하게 파악할수 있어야 한다. 사료를 많이 주면 자원 낭비가 되고 적게 주면 참지품질이 떨어지기 때문이다.

비용 절감에 적합한 AI 양식

사료량에 10% 차이가 있다고 하면 몇 년 후에는 그 차이가 점점더 벌어진다. 지금은 어부의 경험에 의존하여 사료량을 정하고 있다. 이 내용이 데이터화된다면 경험 없는 젊은 사람도 취업하기 쉬워질 것이다. 고령화가 이어지는 수산업계의 IT화 추진은 큰 의미를 가진다.

조는 직경이 40m, 최심부가 20m나 된다. 하나의 조에 1,500마리 정도 치어를 넣는데 이는 몇 개월 지나면 크게 변한다. 죽는 참치도 있고, 어망의 틈 사이로 들어온 다른 생선도 함께 성장하기 때문이다. 그 마릿수는 사료에 달려드는 참치 모습을 보고 어부가 판단할 수 밖에 없다.

일단 치어를 조에 넣으면 마릿수를 셀 기회는 참치를 다른 조로 이동시킬 때다. 조 사이에 망을 치고 통과하는 참치를 다이버가 물 속에서 영상 촬영한다. 수십 분간 촬영한 영상을 순간캡처하여 길면 5시간 정도 보면서 1마리씩 직원이 카운팅한다. 이를 5명의 직원이 각각 카운팅하여 결과를 맞혀 최적의 수를 정하는 것이 기존의 방법이었다.

다카시마에는 모두 약 30개의 조가 있다. 출하하는 3년 사이에 1~2회의 조 이동이 있었기 때문에 카운팅 작업은 연간 10~20회 정도 발생한다. 5명이 각 5시간씩 카운팅 작업을 하면 연간 250~500시간 소요되는데 카운팅 자동화가 실현되면 작업 시간은 대폭 감소하게 된다. 그래서 딥러닝을 이용한 참치 카운팅을 떠올렸고 2017년 초반 ISID에 손을 대기 시작했다.

가능한 것과 불가능한 것을 가르는 기준

ISID 커뮤니케이션 IT 사업부의 니시카와 준西川敦 프로젝트 디렉터는 '엄청난 기세로 헤엄치는 참치를 영상으로 확인하고 직감적으로 불가능하다고 생각했다'고 고백했다.

실제 개발은 곤란의 극에 달했다. 먼저 어류인지 아닌지의 판단조차 힘들다. 제공된 동영상은 날씨나 조류의 상황 등의 조건이 제각각으로 부유물이나 광선 정도로 참치라고 오인하기 쉬운 정보가 많이 포함되어 있다. 또 다이버가 수중에서 촬영하기 때문에 참치가 나오는 장소가 이동되거나 손 떨림이 발생하기 쉽다. 게다가 참치가 아닌 생선도 있기 때문에 이 부분도 판단을 해야 하므로 교사 데이터의 정확성이 요구되었다.

제공된 동영상 데이터를 학습데이터와 검증데이터로 나눠 스포츠 영역에서 개발한 알고리즘으로 참치용 커스터마이즈를 추가하면서 시행착오를 겪었다. 개별인식은 어렵고 1캡처 1캡처 정지화면에 대해 영상분석을 하고 여기에 움직임 예측을 연결시켰다. 참치의 스피드를 생각하여 이 캡처와 저 캡처의 참치는 다른 참치다 같은 정도다. 그 결과 2017년 말에는 조건이 갖춰진 동영상의 경우, 직원이 카운팅하는 수에 가까운 숫자가 나오게 되었다.

'광선의 차이나 생육 조건의 차이 등 1개의 모델로는 모두 대응하기 어려워 아직 연구와 개선이 더 필요하다'고 니시카와 디렉터는 말한다.

참치 전용 카운팅 애플리케이션의 개발

그러나 소득은 있었다. 그래서 ISID는 참치 전용 카운팅 애플리케이션을 개발하여 2018년 6월부터 가동을 시작했다. 현장의 작업 효율 향상과 함께 교사 데이터의 질 향상이 목적이었다. 동영상에

라인을 그리고 참치가 그 라인을 통과할 때에 키보드를 두드려 카운팅한다. 그때 참치라고 판단된 데이터를 교사 데이터로써 축적할 수 있게 되었다. 또 먼저 카운팅한 참치 수를 히스토그램으로 동영상 아래에 나타나도록 하여 나중에 카운팅한 직원이 참치 출현 장면을 예측할 수 있도록 했다.

이를 통해 작업 시간이 대폭 단축되고 다른 직원의 계측 데이터와 비교도 할 수 있게 되는 등 현장의 업무 개선으로 이어졌다. 또 기존의 동영상으로 몇 마리였는지에 대한 데이터가 아니라 조별로 마릿수를 알 수 있게 되므로 교사 데이터로서의 질도 향상되었다.

이제 동영상의 표준화가 앞으로의 과제다. 현재 여러 가지 촬영 방법이나 영상 처리 기술을 사용하여 시행착오를 겪고 있다. 딥러닝에 학습시키기 전에 데이터를 전처리하여 얼마나 정밀도가 올라갔는지를 모색한다.

카운팅 애플리케이션 다음 단계로서는 딥러닝으로 인식한 생선 모습에 틀을 붙여 카운팅하기 쉽도록 제작을 생각하고 있으며 최종적으로는 참치와 다른 생선을 구분할 수 있는 완전 자동화를 꿈꾼다.

관계자는 '자동차의 자동운전과 같아서 단숨에 여러 단계를 올라갈 수 없다. 스포츠 영역의 기술개발에 맞춰 2020년의 실현을 목표가 하나의 기준이 될 것'이라고 전망을 밝혔다.

14

3년 내 히트할 10가지 예측

향후 아이템 개발에 도움이 될 10가지 사업을 추려보았다. 간단히 리스트를 훑어 다음 장에 나올 상세한 설명을 참고해보자.

1. 말하는 자동차 알렉사 오토

   스마트 스피커로 친절한 알렉사가 자동차에 탑재되어 시설과 길을 안내해준다. 자동차 연계 기기를 목소리로 조작하는 SF가 현실로 나타낸다.

2. 독립형 VR 오큘러스 고 & 퀘스트

   컴퓨터나 스마트폰이 필요 없는 고성능 VR 고글이 가격파괴로 판매가 가속화된다. 꾸준히 증가하는 브이튜버[VTuber] 라이브나 스포츠 생방송에 모두가 열광한다.

3. 궁극의 개인맞춤형 미용 맞춤형 주름 커버 시트

4. 디즈니 캐릭터와 주문을 마스터하는 프로그래밍 마법 학교

5. 초호화 여행·창조 서비스 AI가 가이드하는 여행

6. 통풍예비군의 '면죄부' 항·당뇨치 드링크(안세린)

7. 비경으로 Go! 익스트림 캠프

8. 자연광 재현 LED 파란 하늘 전등

9. 우연히 셰프의 요리를 먹게 되는 유령 레스토랑

10. 스마트 조리 가전용 레시피의 규격화 OiCy

15

모든 자동차에 탑재 가능한 AI 자동차

고정밀 음성인식 / 장착만 하면 자동차를 바꿔도 사용 가능

자동차의 액세서리 소켓에 장착하여 스마트폰과 연결하면 알렉사^{Alexa}를 사용할 수 있는 기기를 미국 앵커^{Anker}가 영미권에서 발매 중이다. 실제 가격은 50달러다.

"가자, 키트!" "알겠습니다. 마이클." 1980년대에 한 시대를 풍미했던 미국 드라마 〈나이트 라이더〉의 유명한 대사다. 주인공과 파트너 AI 자동차와의 대화가 2019년 현실이 된다. AI 자동차의 최종 후보는 아마존의 '알렉사 오토'다. 스마트 스피커 '아마존 에코'에 사용되는 음성 어시스턴트 '알렉사'를 자동차에서 사용할 수 있는 기술이다. 미국에서는 포드가 2017년 여름부터 알렉사 대응 자

동차를 판매하고 있는 한편, 미국 앵커^Anker^와 가민^Garmin^ 등이 기존의 자동차를 알렉사에 대응 가능한 차량 탑재 기기를 판매 중이다.

음성으로 조작 가능한 자동차 내비게이션은 이전부터 판매되었지만, 사용법이나 정밀도 등에 문제가 있었다. 알렉사 오토라면 아마존이 스마트 스피커로 키운 고정밀 음성인식으로 인해 자연스러운 대화로 조작이 가능하다. 예를 들어 '알렉사, 근처 편의점을 찾아줘' '목적지로 설정해줘' 하고 말을 하면 내비게이션이 길 안내를 시작한다. 또, 음악이나 뉴스 재생, 메시지 송수신 등 스마트 스피커에 있는 대부분의 기능을 사용할 수 있다. 또 'Roav VIVA'(미국 앵커) 등 몇천 엔 정도의 알렉사 대응 기기를 장착하면 어떤 자동차라도 음성기능을 이용할 수 있다. 아마존은 일본에서도 8월에 알렉사 오토의 개발 키트^SDK^를 공개했고 목소리로 사용할 수 있는 여러 가지 차량 탑재 기기가 등장할 전망이다.

명령이 아니라 대화로 원하는 바를 잡아내다

한편, 독일 메르세데스 벤츠는 알렉사 오토 등을 사용하지 않고 음성기능을 자사에서 개발했다. 10월에 일본에서도 수주를 시작한 벤츠 A클래스에는 'MBUX'라고 하는 대화형 시스템을 탑재한다. 이쪽은 '안녕, 메르세데스. 좀 덥네'라고 말하면 에어컨 설정 온도를

낮춰주는 등 차량 내비게이션이 아닌 다른 기기도 조작할 수 있다.

자동차 운전처벌법이 생겨난 이후, '스마트폰을 조작하다가' 사고가 났을 때는 그 형이 무거운 경향이 있다. 단속 처벌강화 등의 움직임이 있으면 운전자들은 '손을 대지 않고' 사용할 수 있는 알렉사 오토를 두 팔 벌려 환영하지 않을까? 스마트 스피커가 자동차로 진출하여 의지할 수 있는 '음성 에이전트'로서 폭발적으로 보급될 것이다.

16 스포츠 관전에서 음악 라이브까지, VR 역습

스탠드얼론 VR / 오큘러스 Go & 퀘스트

바로 사용 가능한 VR 기기

1년 전까지만 해도 실속이 없다며 부정해왔던 가정용 VR 시장에 재가속 조짐이 보인다. 하드웨어와 콘텐츠 양면에서 강한 바람이 불고 2019년에 크기를 맞이하고 있기 때문이다.

2018년 5월에 발매된 VR 단말 '오큘러스 고Go'가 아직 회사에 직접 판매만 하는데도 불구하고 이례적으로 성공궤도를 달리고 있다. 판매 대수는 공표되지 않았지만 '일본 국내에 10만대 이상이 나왔다'고 업계관계자는 밝혔다.

인기의 비결은 우선 2만 엔 미만이라는 저렴함이다. 그리고 컴퓨터나 스마트폰과 연결하지 않고 단독으로 사용할 수 있는 '스탠드 얼론형'이다. 별다른 준비가 필요 없이 바로 사용할 수 있는 편리함과 스마트폰형보다 화질도 훨씬 좋고, 고성능 컴퓨터가 필요하지 않아 비용이 저렴한 '장점만 가득'한 타입이라고 할 수 있다.

매력적인 VR 콘텐츠

게다가 2019년 봄에는 스탠드 얼론형의 상위 모델 '오큘러스 퀘스트'가 등장할 예정이다. 화질 등이 오큘러스 고를 뛰어넘는 최고 클래스 성능이면서 399달러라는 예상을 밑도는 가격을 발표했다. 가젯을 좋아하는 사람들은 모조리 뛰어들 가능성이 높다. 또 '과거의 패턴을 봐도 신 모델 발매와 동시에 오큘러스 고가 가격이 내려갈 가능성은 충분하다'고 업계관계자는 말한다. 대량판매점 등의 판로 확대도 가능성이 있다. 라이트 층까지 포함해 VR 단말 보급이 가속할 환경은 갖춰지고 있다.

하드웨어가 진화해도 매력적인 VR 콘텐츠가 없으면 무용지물이다. 그러나 이 점도 2018년부터 하나의 '새로운 바람'이 불기 시작했다. CG의 외견을 입은 '버츄얼 유투버'의 붐이다.

사람 출연자와 표정이나 동작을 연동시키는 시스템으로 인해 '외

견은 캐릭터인데 진짜 사람 같은 행동을 할 수 있는' 매력에서 인기를 얻은 브이튜버. VR 공간은 그런 브이튜버와 '실제로 만나는 장소'의 역할을 한다. 특히 흥을 돋을 수 있는 것이 음악 라이브다. 그 외에도 누구든 쉽게 3D 아바타를 가질 수 있는 서비스가 등장하고 있고 VR 공간은 3D 아바타끼리 교류할 수 있는 SNS로서의 가치도 높아진다. 단말기의 보급이 콘텐츠 업계를 활성화하고 콘텐츠의 충실함이 단말기의 수요를 높여준다. 향후 그런 선순환이 이어질 것이다.

17

개인 맞춤형 주름 커버 시트

미용 / 주름 시트 / 인공피부 인쇄

젊음을 되돌리는 획기적인 아이디어

미용업계는 지금 혁명이 일어나려고 하고 있다. 내 피부 상태나 고민에 딱 맞는 '퍼스널라이즈'의 개념이 확대 조짐을 보인다.

2016년 CEA TEC에서 공개된 업계 주목을 모으고 있는 파나소닉의 '스노우 뷰티 미러 & 메이크업 시트'. 2018년은 기술적으로 완성하여 화장품 회사와 논의 중이며 실용화가 눈에 보이기 시작했다. 효자상품은 개인에 최적화된 볼 주름을 완전히 커버할 수 있는 '메이크업 시트'다. 내장된 카메라로 얼굴 데이트를 분석하는 거울에 얼굴을 비추면 어디에 주름이 있는지 상세하게 분석한다. 그 결과를 보고 피부 결이나 색에 맞춰 주름을 커버하는 인공 피부와 같은 시트가 인쇄된다. 두께는 고작 수백 나노미터에 불과해 아주 얇아 붙였다는 사실도 다른 사람이 알기 어렵다. 붙이거나 뗄 때도 물로 적시기만 하면 되어 아주 간단하다. 화장한다는 개념의 근본부터 바꿀 가능성이 있다.

최첨단 거울과 '인공피부' 인쇄로
특수 메이크업 수준의 주름 커버

이 상품의 개발에 활용된 기술은 모두 파나소닉의 독자적인 기술이다. 부서의 장벽을 없앤 일대 프로젝트로 거울에는 보안 관련 얼굴인증기술과 카메라의 화상처리기술, 시트에는 잉크젯 인쇄 기술 등이 응용된다. 가와구치 사치코 리더는 '2~3년 안에는 이 시트를 붙이는 것이 당연한 사회가 되길 바란다'고 말하며 미래에는 얼굴 전체 메이크업용 시트도 개발하려고 한다고 말했다.

화장품 업체도 퍼스널라이즈에 눈을 향하고 있다. 시세이도는 그날의 피부에 최적화된 기초 화장품을 조합하는 '옵튠^{Optune}'을 개발했다. 전용 스마트폰 애플리케이션으로 피부를 촬영하면 기계가 데이터를 분석한다. 기후 조건 등도 고려하여 5개의 카트리지에서 그날의 피부 상태에 가장 알맞은 토너와 에센스를 자동으로 조합한다.
최근 베타판을 판매했지만 구입 희망자가 쇄도했다.

붙이고 있어도 티 나지 않는 아주 얇은 시트. 시트는 부속 프린터로 인쇄하고 물로 붙일
수 있고 뗄 때도 적시기만 하면 된다. 거울상에 AR로 가상 메이크업을 시도해볼 수 있
고 직접 메이크업을 편집도 할 수 있다.

18

프로그래밍을
마법으로 배운다

프로그래밍 / 디즈니와 컬래버레이션

코딩은 필수가 되었다. 이 시장을 어떻게 장악할 것인가?

코딩 교육은 이미 필수가 되었다. 일부 이과계열에 뛰어난 학생뿐만 아니라 누구든 즐기면서 배울 수 있는 교재. 이를 충족시키며 배우려는 이들에게 인기가 예상되는 것이 온라인 학습 교재인 '테크놀로지아 마법 학교'다.

온라인 교재라고 해도 동영상 연습만으로는 기존형 이러닝과는 차원이 다르다. 먼저 획기적인 것은 학습 무대를 디즈니 세계로 설정했다는 점이다. 화면은 어드벤처 게임과 같이 만들고 주인공이 마법 학교에서 눈을 뜨는 부분부터 코스가 시작된다. 이 학교를 무대로 여러 가지 과제를 방법(프로그래밍)으로 해결하는 스토리다. 각 과제는 '겨울왕국' '알라딘' '미녀와 야수'와 같이 디즈니영화를 주제로 했으며 미키마우스 등의 캐릭터도 자주 등장한다. 그 외에 1가지 과제를 상세한 프로세스로 나눠 약 3초간 답을 하고 성취감을 여러 번 느낄 수 있는 시스템이라는 특징도 있다.

달성 시 받을 수 있는 보상

또 마법 학교에 들어가면 백과사전 정도의 두께인 '마법의 책'을 받아볼 수 있다. 처음에는 중간중간에 공간이 있어 미완성된 상태지

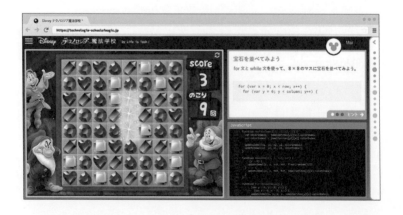

만 온라인 과제를 하다 보면 수료증 대신에 카드나 수수께끼에 필요한 아이템이 우편으로 배달되어 책이 완성되어 간다. 이런 팁을 통해 지속률이 일반 온라인 교재의 5배 이상으로 늘어난다. 만 12세 이상이 대상이지만 어른과 함께라면 초등학생도 배울 수 있는 내용이다.

마법 학교의 '수업료'는 약 1년간 12만 8,000엔(세금 별도)으로 저렴하지는 않다. 하지만 가격을 낮춘 새 교재도 등장할 예정으로 이 교재는 기폭제가 될 것이 틀림이 없다. 몇 년 후에는 '졸업생'인 우수한 프로그래머가 많이 탄생하지 않을까?

19

AI가 가이드하는
초호화 여행

AI 여행 / 가이드 없는 가이드 여행 / 트립어드바이저

여행 일정 짜기의 스트레스에서 완전 해방되는 AI

세계 최대 여행 리뷰 사이트 '트립어드바이저'가 연내에 대폭 리뉴얼된다. 마음에 드는 계정을 팔로우할 수 있는 기능이 추가되고 여행의 SNS화로 전환된다. '모두의 리뷰'보다도 '내가 마음에 든 고객의 리뷰'의 중요성이 커진다.

'편안히 여유롭게 쉴 수 있는 온천에 가고 싶다. 일정은 2박 3일.' 막연한 바람을 채팅 앱에 쓰면 추천 여행 플랜을 직원이 제안해주고 예약까지 할 수 있는 서비스가 해외에서 릴리스되자마자 상담

문의가 쇄도한다.

검색으로는 방대한 정보가 너무 많이 오며 그중에서 나에게 맞는 정보를 찾기란 하늘의 별 따기와 같다. 오히려 맞춤 플랜을 제공해줬으면 좋겠다는 '검색 스트레스'의 트렌트가 향후 더욱 가속화될 조짐이 보인다. 급속도로 진화하는 AI 기술이 '검색 스트레스'로부터 구해줄 구세주가 된다.

내 취향에 맞게 커스터마이징되는 C to C 일정

여행 SNS 애플리케이션 '딥스Deaps'에는 최근 새로운 '엣지 AI'라는 기술이 내장되었다. 스마트폰으로 찍은 사진을 분석하여 고객의 흥미와 관심을 특정한다. 이에 맞춰 추천 관광지나 그 리뷰 정보를 추천해준다. 또 오카야마현의 공식 사이트 '오카야마 관광 웹'에는 2018년 10월에 리뉴얼되어 여행 취향과 일정을 입력하면 추천 코스가 자동으로 생성되는 기능이 추가된다. 개인이 올리는 리뷰 정보와 추천 코스의 생성 기능이 융합되면 세계에서 단 하나밖에 없는 오리지널 투어가 완성된다.

그뿐만이 아니다. 여행의 형태가 여행 프로가 기획하는 B to C에서 개인 리뷰를 토대로 한 플랜으로 구성되는 C to C형으로 바뀌려고 하고 있다.

맛집 SNS 애플리케이션 '싱크로라이프'와 같이 유용한 리뷰에 가상 화폐를 부여하는 시도도 시작되었다. 업로드 내용이 투어에 채용되면 일정 금액이 리뷰어에게 환원된다고 생각하면 된다. 개인이 업로드한 정보를 토대로 '술집 순례' '개성 강한 맨홀 가마 순례' 등 지금까지 없었던 독특하고 딥한 투어를 즐길 수 있게 될 것이다.

20

바로 다음에 올 건강 기능성 요소, 안세린

안세린 / 항당뇨치 드링크 / 요산치 상승 억제

다양한 식품에 결합시킬 수 있는 건강 기능 요소

과학적인 근거를 제출하여 승인되면 건강기능을 표시할 수 있는 기능성 표시식품이 2015년 개시 이후 히트의 원천이 되고 있다. 이제는 요산치의 상승 억제 작용이 확인된 안세린이 그 최종 후보가 될 듯하다.

안세린은 2017년에 항피로 붐으로 상승세를 탄 아미노산계 성분의 이미다졸 디펩티드의 한 종류로 가다랑어나 참치, 닭가슴살 등에 많이 포함되어 있다. 개발처인 야이즈 수산화학공업은 원래 참치 캔 등을 만들 때 나오는 드립액을 회수하여 아미노산 등이 풍부한 천연소재 유래의 조미료를 제조했다. 2001년부터 그 드립액에 포함된 안세린의 항피로 작용에 접목하여 연구를 시작했다. 그리고 2006년에 요산을 많이 만들지 않고 배설을 촉진하는 기능이 있다는 발견하면서 방침을 전환했다.

건강식품의 소재로 상품화 가능한 안세린

물론 가다랑어나 참치 그 자체를 먹어도 안세린은 섭취할 수 있지만 이는 요산의 원천이 되는 푸린체도 많이 함유되어 있어 요산

건강 기능이 표시되면 소비자의
구매 욕구가 상승한다.

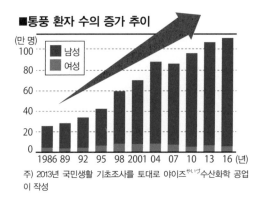

■통풍 환자 수의 증가 추이

주) 2013년 국민생활 기초조사를 토대로 야이즈^{하나}수산화학 공업
이 작성

치가 높은 사람에게는 주객전도가 되어버린다. 그래서 안세린 기능만 느낄 수 있도록 푸린체를 약 99% 줄인 고순도 안세린의 양산화에 성공했다. 건강식품 소재로써 상품화한 후에도 안세린 특유의 어패풍미를 없애는 등 상품성을 높였다. 최근 안세린의 요산치 상승억제 작용을 처음으로 어필한 기능성 표시 식품으로서 새로운 스타트를 끊었다.

통풍환자 수의 증가에도 기여할 것 같다. 요산치가 $9.0mg/dl$ 이상이 되면 약이 처방되는데, 그 미만이라도 예비군은 많이 존재한다. 그래서 '요산치의 상승을 억제한다'고 어필하는 기능성 표시 식품이 등장하면 수요가 예측된다.

현재 20여 개 회사와 상담 중으로 각 회사의 신청서가 수리되었고, 이후에 약 10개 회사로부터 발매가 결정되었다. 청량음료수, 탄

산음료 등의 상품화 외에 야채 주스나 술안주 등으로 등장할 예정이다. 소변 성분에 알칼리성이 강해지면 요산이 소변에 쉽게 녹아 요산치가 내려가므로 알칼리 음료인 스포츠 드링크 등과도 궁합이 좋다. 소비자가 눈에 띈 효과를 느낄 수 있는지 차지해두고 생활습관을 변화시킬 첫 단추로서 안세린의 섭취는 일상생활의 일부로 쉽게 자리 잡을 듯하다. 요거트가 내장지방을 줄인다는 의외성으로 팔린 듯이 '요산치 상승을 억제한다'라고 주장하는 기능성 표시식품이 매장에 많이 진열되면 안세린의 지명도도 올라갈 것이다.

21

캠핑 애호가들을 위한
새로운 서비스,
풍경 셰어

늘어나는 캠핑 인구, 여기서 발견하는 틈새 시장

젊은이들의 진입, 혼자 떠나는 '솔로 캠핑'의 증가 등 캠핑 붐은 장기화하고 줄어들 기미가 보이지 않는다. 일본도 마찬가지여서 바글거리는 사이트를 떠나 한적한 캠핑을 즐길 수 있는 서비스를 시행하는 곳도 있다. 예를 들어 익스캠프^{ExCAMP}는 텐트가 늘어선 캠핑장이 아니라 우리밖에 없는 '프라이빗 사이트'를 예약할 수 있는 서비스를 제공한다. 자연 속이라고 해도 화장실 등 최소한의 설비는 갖춰서 있고 위험한 장소가 아니라는 사실도 확인된 곳이다. '아이의 울음소리를 걱정하는 가족이나 떠들썩한 젊은이 등 혼잡한 캠핑 장에서는 만족하지 못하는 사람은 적지 않다'고 운영자는 말한다.

이런 장소를 확보할 수 있는 시스템은 셰어링이다. 길이 없는 유목지를 활용하여 수입을 얻고자 하는 오너가 이 사이트에 등록하는 것이다. 예를 들어 치바현의 바닷가 등 도심에서의 편리함과 경관을 겸비한 유목지는 의외로 많다고 한다. 또, '산 하나 전체나 무인도 등 개성이 강한 장소가 속속 등장하고 있다.'고 한다. 기존의 캠핑 이미지를 초월한 '익스트림 캠핑'은 초보자라도 쉽게 갈 수 있게 된다.

캠핑카 이용자를 타깃으로 한 서비스

'카 스테이'는 캠핑카를 세우는 장소를 쉐어링할 수 있는 스마트폰 서비스다. 캠핑카 여행객들이 늘어나고 특히 렌터카의 대수는 10년에 2배로 급증하여 여유 있는 시니어 이외에도 이용이 늘어나고 있다. 그러나 문제없이 주차할 수 있는 장소는 의외로 찾기 힘들다.

여기서 캠핑카를 대여하는 서비스도 더해진다면 숙박지가 없는 장소에 여행이나 캠핑도 간단히 준비할 수 있게 된다. '농촌 등 숙박 장소에서는 곤란하지만 귀중한 체험이 가능한 잠재력 있는 관광자원은 각지에 있다'고 캠핑카 렌털의 마크렌트재팬 관계자는 말한다.

바다를 독점하다. 자유롭게 떠들 수 있는 산 위의 캠핑.

 익스트림 캠핑의 수요를 밀어주는 것은 '민박 난민'의 증가다. 민박으로 등장할 수 없게 된 물건이라도 그 '옆의 빈 공간'에 주차만 가능하다면 문제가 없어 카스테이에 등록하는 오너도 있다고 한다. 이 경우 건물의 화장실이나 무선 랜 등도 캠핑족들은 이용할 수 있다.

 숙박 장소로 인해 곤란한 사람들과 유목지에 곤란한 사람들의 니즈에 보다 레어한 체험을 가능하게 하는 메리트가 이어져 캠핑 시장에 새로운 트랜드가 생겨났다.

22

창문 없는 방에
파란 하늘을
옮기다

자연광 LED / 하늘을 옮긴 듯한 창문형 전등 / 태양광

아무리 분위기 있는 조명도 자연광만 못하다

지하철이나 창문이 없는 공간, 또는 바깥 빛이 들어오지 않는 환경이라도 쾌적하게 지낼 수 있는 신형 모델을 각 회사가 개발하고 있다. 그중에서도 이탈리아의 벤처기업이 개발한 '코에룩스^{CoeLux}'로 대표되는 자연광을 재현하는 조명이 차세대 트렌드가 될 것으로 보인다.

코에룩스는 LED와 특수한 패널을 조합하여 하늘이 파랗게 보이는 산란 현상 '레일리 산란'을 인공적으로 일으킨 '파란 하늘' 재현

이 특징이다. 마치 진짜 창문에서 비치듯 방의 일부분에 파란 하늘이 생긴다. 또, 올려다보면 마치 태양이 있는 것처럼 보이는 모델도 있고 방 안에 들어오는 그림자도 아주 자연스럽게 재현한다.

자연광 사업에 속속 뛰어드는 기업들

'파란 하늘 전등'에는 각 기업이 뛰어들었다. 미쓰비시 전기는 2018년 10월에 개최된 가전박람회 'CEATEC JAPAN'에서 코에룩스와 같이 레일리 산란을 활용한 '파란 하늘을 보색하는 라이팅 기술'을 공개했다. 하늘에 떠 있는 태양 자체를 비추는 기능은 없지만 파란 하늘의 재현성은 매우 뛰어나다. 색이 다른 LED 광원을 조합하면 낮의 파란 하늘뿐만 아니라 새벽녘이나 저녁 등도 재현할 수 있다. 본체의 두께는 100㎜ 이하로 일반적인 조명기구와 거의 동일한 수준으로 얇고 설치하기 쉽다는 점이 획기적이다. 한편, 일반적인 LED 조명에 포함된 블루라이트를 줄인 신형 데스크 라이트도 주목받고 있다. 2018년 10월에 발뮤다가 개발한 아이용 책상 조명 '발뮤다 더 라이트BALMUDA The Light'는 도시바와 서울 반도체가 공동개발한 '태양광 재현 LED'를 채용했다. 일반적인 LED 조명은 파란색 LED를 베이스로 했지만, 그 대신 보랏빛 LED를 사용하여 기존보다도 태양광에 더 가까운 스펙트럼을 재현하여 블루라이트를 대폭 줄였다고 자랑한다. '데스크 조명으로서는 고가이지만. 초기에 호평 받고 있다'고 쓰타야가 전 엔터프라이스 관계자는 말한다. 향후에는 아이용 이외에도 여러 분야의 상품에 응용될 가능성이 높다.

　다이슨의 '다이슨 라이트 사이클^{Dyson Light cycle} 태스크 조명'은 사용 하는 시각이나 살고 있는 지역에 따라 밝기와 색 온도를 자동으로 조절되는 부분이 특징이다. 또 학습이나 휴식 등 사용 목적에 따른 모드도 준비하고 있다.

코에룩스의 자연광 LED의 시연 모습.

23

매장 없이
음식점을
할 수 있을까?

고스트 레스토랑 / 이색 맛집 / 셰프의 코워킹 스페이스

여러 셰프의 음식을 한 곳에서 체험하는 법

진입 장벽이 높다고 하는 음식 업계에 '매장 없이 음식업을 영업하는 방법'이 많이 탄생하고 있다.

우선 푸드 딜리버리의 '우버이츠' 등을 주요 전쟁터로 하는 매장이다. 배달만으로 운영되는 업태는 '고스트 레스토랑'이라고 불리며 '세계적인 붐을 일으키고 있다'고 우버는 말한다. 일본에서는 우버이츠 전문점도 등장했다. 이동식 푸드 트럭도 급증하고 있다. 오피스 빌딩 앞에 조리장을 겸비한 트럭을 세우고 점심을 제공한다.

파비^{faw}는 긴자에서 '셰프 코워킹 스페이스'로 오픈했다. 약 120평 부지에 5명의 셰프가 키친과 직원, 고객을 셰어할 수 있다. 집객이나 접객을 파비가 대응하기 위해 개인 셰프가 실력을 보여줄 수 있다.

이 매장 없는 업태의 증가로 향후 창업에 주저한 요리인들이 모인다. 개성적인 콘셉트의 가게에서도 도전하기 쉽고 본적 없는 요리를 즐길 수 있는 고스트 레스토랑이 급증할 것으로 보인다.

24

자동 조리의 꿈이 이루어지는 스마트 키친의 첫걸음

기계가 읽을 수 있는 레시피 / 스마트 대응 가전

재료만 준비하라. 나머지는 가전제품이 해준다

어떤 요리라도 레시피를 골라 재료를 준비하면 OK! 앞서 잠시 등장한 스마트 키친의 모습이다. 조리 가전이 나머지는 대신해준다. 선도에 나선 것은 쿡 패드다. 이 회사가 제창한 규격 '오이시^{oicy}' 레시피에 적힌 재료나 순서를 조리 가전에 읽어주는 시스템. 쿡 패드가 약 300만 개의 레시피에서 엄선된 수천 가지의 요리가 조리가전을 도와 간단히 만들어준다.

현재 실현하고 있는 레시피를 읽어주기만 하면 간장이나 미림 등을 자동 계량하여 조미료를 만들어주는 서버. 이에 2019년 8월까지 제휴 업체가 조리 가전을 1가지 더 발매할 예정이다.

코앞으로 닥친 자동 스마트 레시피

이 회사의 계획으로는 2021년에는 여러 조리기를 조합하여 요리를 완성하는 시대가 된다고 한다. 레시피를 읽어준 커팅 기계로 재료를 자르고 조미료 기계로 밑간을 하고 불 가감기능을 추가한 프라이팬에 올리면 완성되는 것이다. 게다가 2026년에는 사람이 대부분 관여하지 않아도 요리가 완성되는 '완전 자동화'를 목표로 한다.

오이시의 파트너에는 샴푸나 히타치 어플라이언스, 타이거 보온병와 같은 대형 가전 업체가 이름을 올린다.

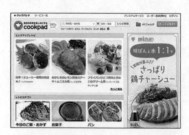

기계가 '읽을 수 있는' 형태의 레시피를 변화시킨다.

오이시 대응 가전에
조리 데이터를 송신한다.

* 디지털

스마트 스피커에 '화면'이 있고, 블루투스 이어폰은 그 상승세가 끝이 없다. 최근 1~2년 사이에 개발 진전이 없던 제품이 진화하려는 조짐이 보인다. 키보드가 없는 노트북 등 상식을 뛰어넘는 제품의 등장으로 물욕을 자극한다.

디프리^{DFree}

'외출하고 싶어도 요실금이 걱정'되어 고민하는 활동적인 고령자들에게 기쁜 소식. 초음파 센터를 복부에 붙이면 방광의 변화를 감지하며 배뇨를 예측하는 '디프리 퍼스널$^{DFree \ Personal}$'이다.

'이제 곧 화장실 가셔야 해요'라고 표시된다. 고령으로 인해 화장실 갈 타이밍을 잘 맞추지 못하는 사람들도 안심이다.

끊기지 않는 완전 와이어리스 이어폰

이어폰의 좌우를 이어주는 케이블이 없는 블루투스 이어폰은 가끔 한쪽만 들리지 않는 경우가 있다. 미국 퀠컴은 대응 가능한 스마트폰과의 조합으로 소리가 끊이지 않는 기술을 개발했다. 밸류 트레이드^{Value Trade} 등이 대응 가능한 제품으로 나오고 있다.

HUD 헬멧

JDI는 자동차 탑재용 헤드업 디스플레이(HUD)의 기술을 활용하여 시야를 돌리지 않고 정보를 확인할 수 있는 헬멧을 개발했다. 현 시점에서는 컨셉 모델에 불과하지만 간단 모델은 2~3년 내 등장할 가능성이 있어 보인다. 서바이벌 게임 등 엔터테인먼트용으로도 확산될 것이다.

* 가전

대형 가전의 진화가 멈춘 것처럼 느껴지지만, '굽는 삼각김밥' '엉덩이 털 제모' 등 용도를 초월한 소형 가전은 히트 칠 조짐이 더 있다. 소형 라이트인 '모테 라이트'와 같이 재난용으로 사용할 수 있는 제품도 주목받고 있다.

감자 굽는 기기 2.0

도시샤의 '감자 굽는 기기 베이크 프리^{Bake Free}'가 호평 중이다. 2018년 10월에 플레이트를 추가한 신형도 발매되어 화제를 모으고 있다. 곧 돈키호테에서도 등장할 예정으로 더욱 큰 인기를 얻을 것으로 보인다.

모테라이트 DL-G508

　손전등, 스탠딩 라이트, 모바일 배터리 하나로 3개의 역할을 하는 상품. 헤드 사이드 조명이나 아웃도어에서 휴대 조명으로도 사용할 수 있다. 평소에도 사용할 수 있고 재난 시에도 사용할 수 있어 인기를 끌고 있다.

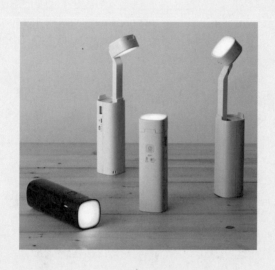

틈새시장은
언제나 있다

몇 수 앞을 내다보는
미래예측

25

확실히 미래는 AI.
과연 어떤 방향으로
나아갈 것인가?

분신AI / 공감시각모델 / 범용AI

　21세기의 AI에서 가장 중요한 지점은 대량의 데이터에서 컴퓨터가 법칙을 찾아내는 '기계학습'이다. 2006년 이후, 한층 더 발전한 기계학습 기술인 '딥러닝'이 확립되었다. 쉬운 예로 영상 인식과 바둑 대결 등이 있다. 최근에는 스마트 스피커나 로봇 등 AI를 탑재한 개인용 제품을 흔히 볼 수 있다. 기계학습, 딥러닝, 그리고 스마트 스피커. 그렇다면 다음은 무엇일까? 이 흐름을 잡아내고 기회를 포착하는 것이 중요하다.

　예측하건대, AI의 다음 단계는 새로운 지식을 발견하여 사람의 감정을 이해하는 AI의 시대가 도래할 것이다.

2006~2016년
'딥러닝'으로 성능이 단숨에 향상된 '제3차 AI 열기'
가장 어려운 게임으로 알려진 바둑에서도 AI가 프로기사를 이겼다.

2017년~2018년
AI 실용화와 함께 AI로 인해 업무 효율화가 발전한다.
음성인식이 가능한 스마트 스피커와 화면인식이 가능한 로봇도 이미 등장.

2019년~
사람에게 실질적인 도움을 주어 가치를 높이는 AI가 속속 등장.

현재의 AI는 두 가지 카테고리로 이해하면 쉽다. '새로운 지식을 발견하는 AI'와 '감정 및 의식을 이해하는 AI'다. 전자의 빅데이터에서 사람이 눈치채지 못하는 법칙과 지식을 찾아내는 AI 개발이 더욱 발전하고 있다. 습득하기까지 수십 년이나 걸리는 장인의 기술도 AI가 분석하여 다음 세대에도 쉽게 전해질 수 있게 된다. 후자는 사람의 감정과 의식을 이해하고 적절한 타이밍에 사람에게 조언도 하는 AI. 또, 적확하게 감정을 표현하여 친근한 가정용 AI 로봇 등도 개발된다.

2025년에는 일본의 생산연령인구가 지금보다 약 400만 명이 감소하게 된다. 한국도 다르지 않다. 이 문제의 해결책으로서 AI로 인한 노동력 절감은 향후 계속 발전할 것으로 보이며, 이로 인해 AI 시스템 시장은 5년 만에 10배 이상 상승한다는 예측도 있다. 2021년에는 사진 분석 AI를 겸비하여 협조작업도 가능한 굴착기와 덤프트럭을 개발 중이라고 하니, 대체 불가능하다 여겼던 분야까지 AI의 손길이 미치고 있는 것이다.

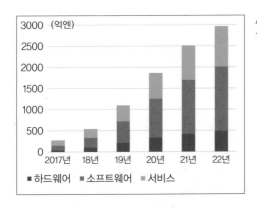

AI의 시장규모는 5년 만에 10배 이상이 될 것이다.

2021년 자율운전건설기기.

26

취향과 감성이 계급이 되는 사회, AI의 역할은?

취향 / 감성 / 커뮤니케이션 / 관계

제3차 AI 열풍이 일어나고 세월이 조금 지난 지금도 그 기세는 잦아들 기미가 보이지 않는다. 신문에서는 'AI'라는 글자가 사라지지 않고 국내외의 많은 기업이 앞다투어 AI 개발에 힘을 쏟고 있다.

현재, 이 열풍은 딥러닝이 리드하고 있다. 딥러닝이란, 사람의 뇌 신경을 본뜬 알고리즘의 '신경망'을 여러 겹 쌓아 AI의 성능을 극적으로 향상시키는 기술이다. 이로 인해 사진이나 음성, 영상 등의 인식정밀도가 빠른 시간 내에 실용 가능한 수준이 되고 소리를 인식하는 스마트 스피커나 사람 얼굴을 구분하는 홈로봇 등 AI를 활용한 제품이 계속해서 우리 가정으로 들어오기 시작했다.

딥러닝에 사용되는 데이터는 매년 증가하고 있다. 이를 활용하면서 AI의 진짜 가치를 실감할 수 있는 서비스가 빠르게 늘어날 예정이다.

개인의 취향을 골라주는 AI

실생활에 도움을 줄 수 있는 제품이 바로 '퍼스널 AI'이다. 개인의 취향이나 감정을 AI에게 학습을 시켜 '분신'을 만드는 시도다. 퍼스널 AI가 완성되면 만약 새 가방을 사고 싶을 때 가게에서 여러 가지 제품을 보면서 고민할 필요가 없어진다. 퍼스널 AI에게 요청하면 온라인상의 수많은 가방 데이터베이스에서 내 감각에 맞춰 내가 원하는 디자인과 기능, 가격대의 가방을 골라 주기 때문이다.

센시[SENSY]는 2014년부터 AI에게 고객이 입는 옷을 학습시키면 취향에 맞는 코디를 제안해주는 애플리케이션을 개발하고 있다. 이 기술은 옷 이외의 브랜드와 유통 등 구매이력 분석과 마케팅으로 여러 기업에 활용되고 있으며, 현재도 대량의 구매 데이터가 꾸준히 쌓이고 있다. 충분한 데이터가 모여 통합되면 다양한 분야에서 내 취향에 맞는 상품을 빠르게 고를 수 있는 퍼스널 AI가 완성된다. 게다가 선물을 고를 때에 상대방의 퍼스널 AI에게 몰래 취향을 물어보는 사용법도 생길 것으로 보인다. 센시의 와타나베 유키[渡辺祐樹, CEO]

는 '미래에 쇼핑할 때 이것저것 고민하는 것은 시간을 낭비하는 사치스러운 고민'이 되는 날이 온다고 말했다.

진정한 대화가 필요한 누군가를 위한 AI

공부도 크게 변할 조짐이다. 지금은 몇 년이라는 시간이 필요한 기능도 "AI 선생님"이라면 효율적으로 저렴하게 배울 수 있는 시대가 온다. 예를 들어, 카메라 앞에서 골프나 야구 스윙을 하면 프로와 비교하여 어떻게 다른지 AI가 지적해준다.

다만, AI의 정밀도가 향상되어도 원활하게 커뮤니케이션이 되지 않으면 보급은 어렵다. 그래서 "감정"을 가진 AI가 주목받고 있다. AI 챗봇 '린나'는 카메라를 통해 풍경이나 물건을 보여주면, '와! 예쁘다' 등 감정을 말하는 '공감시각모델'을 개발하고 있는데 이 기능이 추가되면 원활하게 대화를 할 수 있는 AI를 적극적으로 활용할 수 있지 않을까?

27

AI의 미래 1 : '취향'을 기억한 분신 AI라는 퍼스널 쇼퍼

쇼핑 / 취향 / 분신 / 퍼스널쇼퍼

앞서 퍼스널 AI를 잠깐 언급했다. 수많은 상품 중 내 취향에 맞는 물건을 찾는 일은 힘들다. 이때 내 구매 이력 등을 통해 취향과 감성을 학습한 퍼스널 AI가 도움을 줄 수 있다. 사실 옷이나 와인 선택을 도와주는 AI는 이미 서비스를 개시했다. 몇 년 내에 대부분의 쇼핑을 "분신 AI"가 도와주게 된다. 옷이나 생활용품 등 심혈을 기울인 쇼핑으로 더는 고민할 필요가 없게 된다. 선물을 고를 때도 상대방의 퍼스널 AI에게 취향을 물으면 실패도 막을 수도 있다.

와인을 골라주는 AI

시음을 하고 취향을 전달하면 매장 내에서 최적의 와인을 골라주는 로봇용 애플리케이션이다. 그 외에 옷의 조합을 제안하는 스마트폰 애플리케이션 '센시 클로짓SENSY CLOSET'도 있다. 여러 기업에서 구매 데이터를 제공받으면 '2020년에는 대부분의 쇼핑에 대응할 수 있는 데이터가 모일 것'이다.

2년 후에 예상되는 AI의 변화
대부분의 쇼핑에서 상품 선택을 도와준다.
Step 1. 사람의 구매이력에서 수많은 취향을 자동학습한다.
Step 2. 취향에 맞는 상품을 빠르게 고른다.

5년 후에 예상되는 AI의 변화
퍼스널 AI 끼리 연계하여 기능한다.
Step 1. 각자의 퍼스널 AI가 존재한다.
Step 2. AI끼리 각자에게 어떤 선물이 적당할지 상의한다.

28

AI의 미래 2 : AI 캐릭터가 공감할 수 있는 친구가 된다

감정표현 / 친구AI / 공감능력

　AI에게 감정표현 기능이 더해지면 '편리한 도구'에서 '신뢰할 수 있는 친구'가 된다. 예를 들어 일본의 마이크로소프트는 AI 챗봇 '린나'에게 '공감시각모델'을 탑재할 예정이다. 이로 인해 AI가 풍경이나 물건을 본 '감상'을 말할 수 있게 되고 사람과 자연스럽게 대화할 수 있다. 로봇 등에게 탑재하면 그 앞을 지나가기만 해도 '그 넥타이 잘 어울려!' 하고 말을 걸어오는 식이다.

기존 AI

'사람입니다. 아이입니다. 개입니다. 자동차입니다.'

사실에 근거한 단순한 판단만 가능하다.

....

2년 후에 예상되는 AI의 변화

'와! 행복한 가족이네요. 휴일 나들이를 하러 간 걸까요? 차 오는 소리가 들려요. 조심하세요!'

보고 감정을 갖춘 판단을 행한다. 이를 공감시각모델이라고 한다.

훨씬 더 친근감이 느껴지는 AI가 된다.

29

AI의 미래 3 :
전문가의 기술은
AI에게 배운다

바둑에서는 프로 기보를 저장한 AI가 새로운 바둑 명수를 개발하여 프로 기사가 AI에게 배우는 일도 이제 놀랍지 않다. 건축이나 투자, 피트니스 분야에서도 AI에게 프로의 기술을 배우는 소프트웨어나 서비스가 등장하고 있다. 몇 년 후에는 다양한 분야에서 프로의 기술을 학습한 AI에게 사람이 고도의 기술을 효율적으로 배우는 시대가 온다. 일본 경제산업성의 차세대 산업 컨셉인 '커넥티드 인더스트리'가 있다. 바로 AI를 통한 기술 계승을 하나의 목표로 내걸고 있는 것이다.

전문가 AI, 어떻게 적용될까?

○ **이미 실현된 AI 기술 : 바둑 대결 정밀도 분석(HEROZ)**

바둑에서 움직이는 기보를 AI에게 저장하면 돌을 움직이는 행동을 100점 만
점에 100점으로 평가할 수 있다. 물론 어느 부분이 잘못되었는지 시뮬레이
션도 가능하다.

○ **이미 실현된 AI 기술 : Trade-karte FX(Monex 증권)**

FX(외환거래)에서 고객의 투자 방법을 AI가 분석한다.

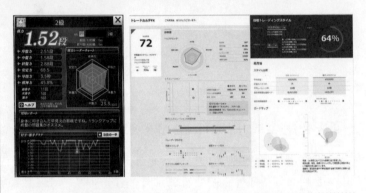

○ **'AI 교재'가 교육 과정을 짜는 시대**

AI가 학생들의 이해도를 판단하여 적절한 과제를 내는 자습교재가 늘고 있
다. 고등학생용 '아타마'는 수학, 영문법/어법, 물리, 화학 총 4과목이 있다.
2주간 센터시험 모의고사에서 전후 점수가 평균 50% 상승한 예도 있다.

30

AI의 미래 4 :
입시, 입사 면접에 이미
검토되고 있는 AI 면접관

관계 / 고민 / 처세 / 리액션 / 독심술AI

사람 목소리를 통해 감정 등을 읽는 연구가 진행되고 있다. 언어 뿐만 아니라 목소리의 억양과 떨림 등의 '불특정한 반응'을 AI로 분석하는 시스템이다. 온라인 면접 서비스를 제공하는 젠키겐ZENKIGEN은 기업의 인사와 채용에 이를 활용할 예정이다. 또 꾸준히 개발하여 관리직 등에 어울리는 '공감력 높은 인재'를 찾는 기능도 탑재할 예정이다. 즐거운 기분으로 일할 수 있는 직장을 AI가 만들어주는 시대가 된다.

발성 │ 소리의 '불특정한
반응'을 AI로 분석한다
● 음량 ● 소리의 억양
● 음색 ● 성대의 떨림

감정을 분석하는 AI, 어떻게 적용할까?

상대와 나의 통화에서 감정을 포착하는 것이다. 도쿄대학 음성병
태 분석학 강좌 기술을 탑재한 연구용 애플리케이션이 있다. 내 목
소리를 마이크로 녹음하면 '원기압' 등 마음의 상태를 표시하여 스
트레스 모니터링 등에 사용된다. 스마트폰으로 통화를 할 때 자동으
로 녹음하여 진단도 할 수 있다. 감정 밸런스를 분석하고 스트레스
도 확인 가능하다.

AI 면접은 한창 상용화 중이지만, 발전의 방향이 무궁무진하다.
우선 목소리로 직장 내 사람 관계를 지속적으로 계측하여 사원의
개성을 살릴 수 있는 인재배치를 AI가 제안하는 용도로 사용될 예

정이다. 젠키겐에서는 사원증에 마이크를 내장하여 '사원증을 통해 항상 녹음을 할 수 있다면 이상적'이라고 말한다. 이를 통해 면접뿐만 아니라, 사원에게 걸맞은 부서로 내정하는 일도 가능하다. 2년 후에는 AI 면접, 적성검사, 인재 매칭 전 분야에 AI 면접이 도입될 것으로 예상된다. 이를 대비하는 면접 적성 검사 사업을 고민해봐도 좋겠다.

31

AI가 만드는 음악, 소설, 그림. 창작 AI의 상용화는 언제쯤?

소설가AI / 플롯AI / 작곡 / 화가 / 예술 / 창작

AI를 통해 명화나 음악, 소설 등을 창작하는 수많은 연구가 이루어지고 있다. 이미 상용화 단계를 거치는 소프트웨어도 개발 중이라고 하니 앞날이 기대되는 분야 중 하나다. AI의 결과물은 꽤 괜찮게 나오는 편이라, 그 '작품'이 콘테스트나 옥션에 출품된 사례도 있다.

어떻게 활용할 수 있을까? 창작 자체보다 저작권에 주목하라

이런 연구에서 무엇보다 중요하게 생각해야 하는 것이 바로 저작

권이다. AI의 창작 활동이 저작권자에게 돌아갈 이익에 부당하게 해를 입히지는 않는지 고민해야 하는 것이다. 왜냐하면 창작 AI는 작품을 만들어내기 전 다양한 사례를 학습하고 소재를 복제하여 재가공하기도 하기 때문이다.

AI의 창작 활동과 기존 저작권자 사이의 공존을 위해서는 저작권자에게 손해를 입히지 않는 한 AI가 딥러닝을 할 수 있게끔 기존 창작물들을 자유롭게 이용할 수 있는 관련 저작권법의 개정이 필요한 현실이다. 바로 'AI 개발과 소재 검색 서비스를 위한 복제의 합법화'라는 항목이 그것이다.

AI가 그린 초상화가 2018년 11월에 처음으로 미국 경매에 출품됐다. 이 초상화는 43만 2,000 달러에 낙찰되어 화제가 됐다.

딥러닝이 가능하게끔 허락이 필요하지 않은 예술작품의 활용이 필요하다.

범용 AI가 미래다

딥러닝으로는 무쇠 팔을 가진 아톰을 만들 수는 없다.
간단한 자율 로봇은 20년 안에 가능하다.

전기통신대학電氣通信大學 인공지능 첨단연구센터人工知能先端研究センター 특임교수인 구리하라 사토시栗原 聰가 들려주는 AI의 현주소와 미래의 이야기다. 그는 게이오기주쿠대학 대학원 수료, NTT 기초연구소NTT基礎研究所, 오사카 대학大阪大學을 거쳐 전기통신대학에서는 일본 국립대학에서는 처음으로 인공지능 첨단센터를 2016년에 설립하고 초대 센터장이 되었다. 2018년부터 현직에서 AI의 미래를 바라보고 있으며, 게이오기주쿠대학慶應義塾大學 이공학부 교수이기도 하다.

> [범용 AI]
> 특정 용도나 목적에 한정되지 않고 자율적으로 판단하고 행동하는 AI를 말한다. 화상 인식이나 바둑 등 특정 부분만 가능한 AI를 '특화형 AI'라고 한다. 아직 연구 단계이긴 하지만 실현되면 사람과 같은 수준, 또는 그 이상의 기능을 기대할 수 있다.

2016년 범용 AI를 연구하는 인공지능 첨단연구센터를 설립하셨어요. 이 연구 센터는 무엇을 하는 곳입니까?

'AI 열풍'이 불고 있다고 하는데, 사실 진짜 열풍이 불고 있는 것은 잘 알려진 딥러닝 등의 AI 기술을 사용하여 새로운 서비스를 낳는 '개발'입니다. 딥러닝 개발에는 데이터를 대량으로 가져와 큰 금액을 투자할 수 있는 구글과 같은 대기업이 유리합니다.

그런데 우리 같은 대학 연구원의 목적은 AI의 새로운 기술 탄생입니다. 이 새로운 기술로는 범용 AI가 유망합니다.

왜 범용 AI가 필요한가요?

현재 AI나 로봇은 '사람에게 필요한 도구'라는 인식만이 있고, 사람이 직접 명령하지 않으면 움직이지 않습니다. 심지어 상세하게 명령하는 것도 귀찮죠. 예를 들어 "방을 깨끗하게 해줘." 하고 명령하면 청소기를 돌려야 하는지 어질러진 물건을 정리해야 하는지는 AI가 직접 생각하고 판단했으면 하죠. 부모가 아이에게 "그 정도는 너 혼자 생각해서 결정해!" 하며 화를 내는 모습과 같죠. 그러려면 범용성이 있고 자율적인 AI가 필요합니다.

이런 범용 AI는 완성되면 점차 새로운 사실을 기억하게 됩니다. 예를 들어 사람 로봇에게 운전을 시키려면 지금은 핸들을 잡는 법부터 프로그래밍해야 하는데, 범용 AI는 사람과 동일하게 방대한 상식이나 범용적인 지식을 가지고 있어 사람의 '자동차 교육'에 해당하는 프로그래밍만 추가하면 비교적 단시간에 익힐 수 있습니다.

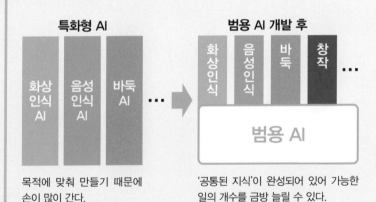

특화형 AI

화상인식 AI | 음성인식 AI | 바둑 AI | ...

목적에 맞춰 만들기 때문에 손이 많이 간다.

범용 AI 개발 후

화상인식 | 음성인식 | 바둑 | 창작 | ...

범용 AI

'공통된 지식'이 완성되어 있어 가능한 일의 개수를 금방 늘릴 수 있다.

어떻게 하면 범용 AI가 실현될지 그 길이 보이나요?

사람은 아기일 때부터 수십 년 동안 방대한 정보를 넣어 지식을 습득하고 있습니다. 이 과정을 딥러닝만으로 학습하는 것은 비현실적입니다. 요즘은 인터넷에 방대한 지식 정보가 있기 때문에 이제 필요한 지식을 습득하는 기능을 추가한다면 효율적으로 범용 AI를 만들 수 있습니다. 다만, 인터넷에는 부적절한 정보도 있어 '도덕성'이나 '사회규범'을 이해하는 기본적인 프로그램을 추가하여 정보를 적절하게 취사선택할 수 있도록 해야 합니다.

범용 AI를 위해 연구실에서는 고객의 행동을 먼저 읽는 자율형 AI를 만들고 있습니다. 이 자율형 AI는 '사람이 서류를 인쇄한 후에 스테이플러를 사용'하는 고객의 행동 패턴을 학습하여 다음 인쇄할 때는 스테이플러를 건네줍니다.

최근에는 혼다나 오므론 등의 대기업도 범용 AI에 관심을 두고 연구에 협력하고 있습니다. 저는 기본적인 범용 AI를 탑재한 로봇은 10년 이내에 등장하리라 생각합니다. 그 단계가 되면 무쇠 팔을 가진 아톰이나 도라에몽처럼 사람에게 사랑받는 로봇도 이제는 상상 속 이야기가 아닌 현실이 됩니다.

32

매장의 역습!
"AI가 가격을 결정한다"

캐시리스결제 / 매장의미디어화 / 가격변동제 / 접객기술

2018년 1월 미국에서 오픈한 계산대 없는 AI 편의점 '아마존 GO'는 2021년까지 매장 수를 최대 3,000개까지 늘릴 예정이라고 하여 기존의 규모가 작은 매장을 위협할 존재가 될 것 같다. 또 온라인 판매에 대한 공세도 점점 강해져 오프라인 매장은 현재 갈림길에 서 있다. 각 회사는 살아남기 위해 매장의 '디지털화'에 나섰다.

어떻게 활용될까? 오프라인 매장이 변화될 모습

실제 오프라인 매장은 어떻게 변할까? 로손Lawson이 제시한 미래의 편의점에 도입될 기술은 크게 3가지로 나뉜다. 전파를 이용해 비접촉식으로 상품 정보를 기록하고 관리하는 'RFID 태그', 스마트폰이나 RFID 태그를 이용한 '계산대 없는 결제', 간단히 가격변경 할 수 있는 '디지털 가격표'다. 이 3가지가 어우러지면 EC에 침식된 오프라인 매장의 '역습의 신호탄'이 될 수 있다.

AI가 관리하는 유통기한 정보 그리고 가격 조정

2025년부터 편의점에 있는 모든 상품에 RFID 태그를 부착할 예정이다. 유통기한 정보 등을 AI가 관리하고 타이밍에 맞춰 가격을 낮추는 가격 변동제가 시작될 가능성이 높다.

계산대 없는 매장 ▶ 비용 절감

상품에 RFID나 화상 인식기술을 사용하여 계산대를 통과하지 않고 결제할 수 있는 '계산대 없는 매장'이 개발되고 있다. 일본에서는 노동인구의 감소로 인한 인재부족을 보충하는 기술로 주목받아 비용 절감 메리트도 있다. 바코드를 직접 인식시켜 셀프로 계산하거나 스마트 폰으로 결제하는 방법도 있다. 마트 등에서는 셀프계산대로 흔히 볼 수 있지만, 좀 더 폭넓은 활용이 고려되고 있다.

디지털 가격표 ▶ 실시간으로 가격 책정

원격조작으로 가격을 변경할 수 있는 디지털 가격표. 실시간으로 가격을 책정하는 다이내믹 프라이싱에 꼭 필요한 기술로 대형 편의점도 도입을 검토하고 있다. 가격표를 재부착하는 수고도 덜 수 있다.

RFID 태그 ▶ 상품정보관리

바코드나 유통기한 등의 정보를 인식시키는 IC 태그. 계산대 없는 결제에도 사용할 수 있다. 문제는 단가. 획기적으로 단가를 낮추는 인쇄업체가 있다면 상용화는 빠르게 진행될 예정이다.

아마존은 이미 실시간으로 가격책정

이미 다이내믹 프라이싱을 도입한 매장도 있다. 미국 아마존이 2019년 9월에 오픈한 '4스타'에서는 온라인 가격과 매장 가격을 연동시키는 디지털 가격표를 사용하고 있다.

33 다른 업종과의 컬래버레이션이 등장할 미래

취향 추천 / 쇼핑 난민 / 배달 / 컬래버레이션 / 광고 수익

카메라나 센서로 마케팅 데이터를 취득하는 움직임이 가속화되고 있다. 결함 제품 관리에 따른 수급 예측이나 고객의 움직임을 분석한 상품선택과 레이아웃의 최적화 등이 해당한다. 일본 규슈를 중심으로 슈퍼나 드러그 스토어 등을 운영하는 트라이얼 컴퍼니는 2018년 2월에 약 700대의 카메라를 설치한 차세대 매장을 만들었다. 카메라를 도입한 매장을 순차적으로 확대할 예정이다. AI가 항상 온라인 판매 가격을 체크하여 RFID 태그로 얻은 재고나 유통기한 정보 등도 고려하여 기동적으로 가격을 측정하는 시스템이 도입되면 오프라인 매장의 가격경쟁력은 단숨에 높아진다.

오프라인 매장은 더 진화할 수 있다. 미래의 편의점은 각종 센서를 통해 방대한 마케팅 데이터가 축적된다. 이 데이터를 활용한 '수급 예측'도 AI가 잘하는 분야다. 구매를 촉구하는 최적의 가격을 실시간으로 책정하게 된다.

일본의 로손 '슈퍼 센터 트라이얼 아일랜드 시티 점'. 매장 내에 약 700대의 스마트 카메라를 두고 고객의 움직임을 파악한다.

앞으로 일어날 변화는?

온라인에서 이루어지던 추천 기능이 오프라인으로 확대될 가능성이 있다. 유통 분야에서 일어날 수 있는 다양한 방향들을 뽑아보았다.

디지털 안내판 : EC의 추천 기능이 매장으로!

디지털 안내판으로 매장을 '미디어화'하여 수익을 올리려는 시도도 진행 중이다. 로손은 상품 진열대에 디지털 안내판을 설치하여 고객의 행동에 따라 최적의 상품을 표시하여 추천하는 신기술을 개발하고 있다. 기존과 동일하게 상품만 판매하지 않고 매장을 활용한 광고 수입도 기대할 수 있다.

상품을 잡으면 안내판에 상세한 정보를 표시하는데, 슈퍼 센터 트라이얼 아일랜드 시티 점에서는 계산대 카트와 태블릿을 일체화시켜 쇼핑을 도와준다.

34 매장의 디지털화, 터닝포인트는 2025년

매장의 디지털화 / 가격파괴!?

배달을 자동화하는 앱도 속속 등장한다. 최근 편의점은 배송망과 거점 수의 충실성을 살려 배달 사업 확대를 목표로 하는 움직임이 활발화해지고 있다.

향후 노동인구 감소가 문제가 되고 있어 무인, 인건비 절약과 같은 매장의 니즈가 매우 높아졌다. 기술만 혁신되면 거리의 디지털화된 작은 매장을 자주 보게 되지 않을까?

139

배달 로봇 : 편의점이 쇼핑 난민을 구한다

로손은 ZMP와 배달 로봇도 개발하고 있다(하단). 주변 가정집으로 배달이 가능해지면 상권은 넓어진다. 재고 작업도 로봇화하면 인적 비용도 절감된다. 최근 월드 로봇 서밋에서 편의점 재고 업무는 주요 경쟁 분야이기도 하다.

타업종 컬래버레이션 : 편의점의 방문 가치를 높인다

패밀리마트는 2018년 3월에 피트니스와 편의점을 일체화한 '피트앤드고(Fit&Go)'를 오픈했다. 기존보다도 하루 매출을 2%나 올리는 효과도 가져왔다고 한다. 로손에서도 드러그 스토어나 건강상담창구와 컬래버레이션한 매장을 설치하는 등 부대시설로 고객을 모으는 시도가 이어지고 있다.

집까지 배송하는 로봇 배달부.

35

마트판 드라이브 스루에 주목하자

드라이브스루 / 주문은 스마트하게 / 차에서 물건만 픽업

미래의 유통을 변화시킬 4가지 키워드

소매업에서는 비즈니스 모델이 포화상태다. 이로 인해 고객을 불러들이는 '활로'라는 4개의 키워드가 떠오르고 있다.

소규모 소매점의 활로가 될 서비스는 '웹WEB루밍'이다. 여성을 중심으로 온라인에서 상품 정보를 검색하고 오프라인 매장에서 상품을 최종인식하여 판매하는 새로운 조류가 여성을 중심으로 등장하고 있다. 브랜드나 매장을 갖춘 EC 사이트는 온드 미디어owned media의 정보를 확충하여 팬을 만들고 신규 고객 확보를 노린다.

미국에 거주하는 유통 컨설턴트 고토 후미토시後藤文俊에 따르면 '월마트를 포함한 미국의 대형소매업은 밀레니얼 시대에 태어난 고객을 위해 쇼핑을 도와주는 스토어 애플리케이션 기능을 강화하고 있다'고 한다.

초대형 슈퍼가 많은 미국에서는 계산대의 줄서기 스트레스를 해소하는 방법을 모색하고 있으며, 사전에 스마트폰으로 주문한 상품을 주차장으로 가져다주는 '커브 사이드 픽업Curbside Pick Up'이라는 쇼핑 방법도 주목받고 있다.

접객 기술
일본 쇼핑몰 파르코PARCO에서는 로봇이 일본어와 영어 2개 국어로 매장을 안내하고, 매장과 시설 정보를 음성과 화면으로 전달하여 층별 안내하는 실증 실험을 했다. 로손은 건강 상태에 따라 음식을 제공하는 가상 점원을 미래 기술로 제시했다

웹루밍web rooming : 소규모 매장이 살아남기 위한 비장의 카드
아마존과 라쿠텐楽天 2개의 큰 회사로 인해 소규모 매장의 EC 사업은 궁지로 내몰리고 있다. 이 상황에서 벗어나기 위해 중심 고객을 확보해야 한다. 사이트에 상품 관련 전문 정보를 게시하여 온라인에서 매장으로 고객을 불러들이는 웹루밍이 매출 상승의 키를 쥐고 있다.

커브 사이드 픽업 : 주차장에서 쇼핑 완료!
미국에서는 '커브 사이드 픽업'이라는 쇼핑 방법을 많은 사람들이 이용하고 있다. 온라인에서 주문한 상품을 지정된 매장 주차장에서 점원에게 받는

'마트판 드라이브 스루'. 계산대의 줄을 서지 않고 상품을 받을 수 있고 택배보다 수수료도 저렴하다.

미국 타깃^{TARGET}은 이와 같은 서비스를 25개 주 800개 이상의 매장에 도입할 예정이다. 온라인으로 주문한 상품을 매장에서 받는 '픽업 타워'도 인기다.

가게 애플리케이션

공식 애플리케이션 기능에 충실하여 고객을 확보하는 미국 트렌드를 소개한다.

미국의 대형소매점은 고객 만족도를 높이기 위해 공식 애플리케이션 개발에 주력하고 있다. 월마트 애플리케이션은 매장에 들어가면 해당 지점에서 제공하는 각종 서비스 등의 매장정보, 실시간 혼잡상황, 매장 내의 상품 가격 체크 기능을 사용할 수 있는 스토어 모드로 자동 전환된다.

GPS를 통해 매장에 들어가면 자동으로 쇼핑용 화면으로 바뀐다. 이미 상품 바코드를 스캔하여 리뷰나 가격을 비교할 수 있는 기능이 추가됐다.

인력 감축의 끝은 "손님 맞이"

서비스의 거대한 거점을 노린다

마키노 구니쓰구牧野国嗣는 로손 이사집행임원 오픈 이노베이션 센터장이다. 1992년 미쓰이 상사 입사, 2002년부터 실리콘 밸리에 주재하고 있으며 첨단 테크놀로지 동향을 조사하며 미국 벤처와의 연계 및 벤처 투자하는 일을 한다. 현재는 로손의 디지털화를 추진하는 각종 프로젝트의 총괄 담당이다.

아마존 GO와 같은 위협적인 존재에 대해 로손은 어떤 강점을 가지려고 노력하는지 알려주세요.

우선 기술적으로 가능한 '완전 무인화'는 목표로 하지 않습니다. 일본은 전국에 약 5만 5,000개의 편의점이 있으며 생활 인프라로서 기능하고 있는 독자적인 문화입니다. 우리는 고객과의 터치 포인트를 최대한 살리기 위해 기술을 활용할 예정입니다.

무인 계산대나 RFID 태그를 사용한 상품 관리는 인력 절감이 목적입니다. 점원의 리소스를 접객으로 채우고 고객의 내방 가치를 높이는 방향성으로 생각하고 있습니다.

향후에 다이내믹 프라이싱을 도입할 예정은 있으신가요?

이론상으로는 전자 정찰제와 RFID 태그가 안정적으로 도입된다면 유통기한을 관리하는 상품의 가격 인하를 AI가 판단해서 즉시 반영하는 시스템은 가능합니다. 매장 측 입장에서는 상품관리 효율도 올라가죠.

미래의 편의점에서는 어떤 서비스가 발전할까요?

상품만 팔지 않는 분위기가 점차 확산하지 않을까요? 예를 들어 민박과 같은 서비스가 보급되려면 열쇠를 주고받는 거점이 필요합니다. 새로운 서비스는 매력적이지만, 처음부터 인프라를 구축하는 것은 어렵습니다. 실제 대부분의 편의점은 새로운 서비스의 플랫폼이 되는 존재가 된다고 생각합니다.

화상인식의 "천적"은 10대

과소가 진행되는 역에도 매점을

아쿠츠 토모키阿久津智紀는 JR 동일본 스타트업 매니저다. 2017년에 JR 동일본 그룹의 'JR 동일본 스타트업 프로그램'을 만들었다. 2018년 2월 CVC^corporate venture capital 'JR 동일본 스타트업' 설립을 담당하고 현재 투자업무와 프로그램 운영을 담당하고 있다.

도쿄 JR 아카바네 역에서 실증실험을 한 무인결제 매장의 목적은?

역 안 매점의 인력 절감을 도모하여 매장의 채산성을 올리는 것입니다. 아직 매장이 없는 역에도 매장을 오픈할 수 있고 영업시간 연장 등 고객 입장에서 장점이 있습니다.

기술적인 과제를 느끼셨나요?

이번 매장은 많은 사람이 들어갈 수 있었기 때문에 예상하지 못한 사태도 있었습니다. 예를 들어 아이가 상품을 갖고 부모에게 건넨 후, 결제하는 경우는 AI가 오인하기 쉽습니다. 여러 명이 무리 지어 한꺼번에 매장으로 들어오면 인식이 어렵기 때문에 무리를 지어 다니는 10대 인식에 취약하다는 점도 알게 되었습니다.

결제 시스템 자체의 정밀도는 상승했습니다. 실용화를 위해 물류나 상품의 등록 플로어를 어떻게 조합시킬지 생각하는 단계에 도달했습니다.

미래의 역에 도입될 기술은?

메트로 엔진이라는 회사도 혼잡예상 기술도 개발하고 있습니다. 이 기술이 실현되면 신칸센의 혼잡예상이나 매장 등의 수요예측이 가능합니다. 미래에는 이를 여러 상품과 서비스로 묶어 다이내믹 프라이싱이 가능해지지 않을까 생각합니다.

10월부터 JR 아카바네赤羽 역의 키오스크 자리에 AI 무인결제 시스템 '슈퍼 원더 레지'를 활용한 무인매장의 실증실험을 시작했다. 교통 IC 카드로 가게에 들어가는 시스템.

36

오프라인 매장,
어떤 업종, 어떤 형식이어야
살아남을 수 있을까?

　아마존 이펙트로 직격탄을 맞아 존재의의가 흔들리고 있는 오프라인 매장이지만 '체험'을 무기로 '새로운 가치'를 생산하여 고객을 부르고 있다.

　2018년 '그로서리(식품 슈퍼)'에 '레스토랑'을 조합하여 인기를 끈 '그로서란트'라는 업태에 작은 공간을 마련하여 운영하는 '새로운 업종'이 등장했다. 세이죠 이시이는 신우라야스 점 바로 앞 약 80m²(약 24평)의 면적에 '세이죠 이시이 스타일'을 오픈했다. 도큐 스토어 '프리세 시뷰야 델리마켓Precce Shibuya DELIMARKET'도 오픈했다. 이 두 매장이 성공한다면 향후 도심부에서 이와 같은 매장을 많이 만

나볼 수 있다.

매장에 텐트를 펼칠 수 있는 공간을 만들어 '쇼핑'과 '체험'을 일체화한 매장이 바로 '알펜 마운틴스Alpen-Mountains'다. 매장에는 클라이밍 시설도 만들어 이용하는 모습을 감미하면서 상품을 고를 수 있다.

협소 그로서란트
새로 오픈한 '세이조 이시이 스타일'은 역 지하의 작은 공간을 활용한 그로서란트다. 도큐 스토어도 같은 종류의 새로운 가게 '프리세 시부야 델리마켓Precce Shibuya DELIMARKET'를 열어 퇴근길 고객을 사로잡고 있다.

길 위의 돈키호테 : 진열 강점을 살린 지역 창생
토메東名와 시미즈淸水의 주차장에 시범 오픈한 '길 위의 돈키호테'. 돈키호테는 입지와 니즈에 맞춘 업태 전개에 주력하고 있으며 역과 공항을 잇는 고속도로 위로 판로 확대를 노리고 있다.

체험형 아웃도어 매장 : 온라인에는 없는 체험이 구매를 촉구한다
'알펜 마운틴스'는 매장 내에 아웃도어를 '체험'할 수 있는 공간을 만들었다. 실제로 텐트를 설치해볼 수 있는 곳, 클라이밍용 벽을 설치하여 실제로 체험할 수 있어 상품의 매력을 느낄 수 있다.

탈가전 판매점 : '가전이 아닌 상품'을 파는 새로운 업태 등장
도쿄 오다이바에 오픈한 '빅카메라 리큐르Bic Camera LIQUOR'는 주류 전문점으로 가전 종류는 일절 취급하지 않는다. 2017년에 매장의 가전 비율을 30%로 줄인 '빅카메라 셀릭트Bic Camera SELECT'의 진화형이다. 최근에는 완구 전문점을 오픈하는 등 새로운 업태를 통해 살아남을 방법을 찾고 있다.

세이죠 이시이에서는 자사의 센트럴 키친을 활용하여 소량 판매에 적합한 피자나 로스트비프 등을 제공한다. 조리는 세이죠 이시이에서 구입할 수 있는 식자재를 사용하고 음식점과 실제 매장이 고객을 서로 보내주는 시스템이다.

와인 전문 판매원을 통해 폭넓은 고객층을 노린다.

세계적인 크리에이터의 미래를 만드는 방법

Decide and Go. 불완전한 제품이라도 세상에 내놓는다.
속도가 물건을 말해준다.

크리에이티브 디렉터 레이 이나모토는《포브스Forbers》선정 '광고계에서 가장 창의적
인 25인,《크리에이티비티Creativity》선정 '세계에서 가장 영향력 있는 50인'에 든 주목받는
크리에이티브 디렉터. 현재 미국 대형 디지털 에이전시 AKQA 사에 크리에이티브 최
고 책임자로 재직 중이다. 나이키, 구글, 유니클로 등의 마케팅 전략을 서포트하고 있으
며 2015년에는 이나모토앤코Inamoto & Co.를 설립했다. 그에게 앞으로 히트할 키워드에 관
해 물어봤다.

기술은 점점 새로워지고 젊은이들의 지향도 변해가면서 새로운 상품을
만드는 방법에 대해 모두 고민하고 있습니다.
어떤 물건을 만들었을 때, 정확하게 작동하는지에 대한 정밀도가 95%인 상
품은 한정된 고객에게만 판매됩니다. 이 수치를 99%까지 끌어올리면 이른
시일 안에 대중에게 받아들여집니다. 스마트 스피커 아마존 '알렉사Alexa'는
음성 인식 정밀도가 99%에 달하기 직전 단계에 세상에 나왔고 많은 사람에
게 사랑받았습니다.

지금은 95%지만 가까운 시일 내에 99%에 달하게 만들 기술은 있습니까?
얼마 전까지는 그 기술이 음성인식이었습니다. 앞으로는 화상인식이 될 것
입니다. 페이스북상에도 '이 얼굴과 이 얼굴은 닮았으니까 동일 인물'이라며
억지로 연결 지었지만 이제 사람과 동일하게 인식할 수 있습니다. 도형으
로만 인식할 수밖에 없었던 수준이 '이것은 표범 무늬', '이것은 안경'과 같

이 인식할 수 있게 되었습니다. 핀터레스트^{Pinterest}나 구글 렌즈$^{Google\ Lens}$로 어떤 옷을 보고 예쁘다고 생각했다면 다음에 같은 옷을 발견했을 때 인식해주는 시스템입니다.

예를 들어 제가 메일을 쓰는 방법을 모니터링하여 저와 비슷한 말투로 메일을 작성해주는 서비스도 나오고 있습니다.

신기술의 가능성은 해보지 않으면 모르는 부분이 있습니다. 이제는 불완전^{Imperfection}이 키워드입니다. 완벽한 상품을 만들어서 판매하는 것이 기업의 역할이었지만 이제는 불완전한 상품이라도 세상에 내놓고 업데이트하면 됩니다. 3D 프린터가 발달하면서 개발 도중인 상품이라도 일단 판매를 해볼 수 있게 되었습니다. 이런 발상의 전환으로 상품 개발의 사이클을 얼마나 짧게 할 수 있는지가 이제는 승부처가 될 것입니다.

··

시간을 들여 물건을 만드는 시대가 아니라는 말씀인가요?

맞습니다. 압도적인 스피드를 기대하고 있습니다. 예전에는 유니클로에서도 신상품을 내놓는 데에 18개월 정도 시간이 필요했습니다. 생산이 따라갈 수 없었기 때문이죠. 하지만 지금은 시마세이키 제작소^{島精機製作所}의 홀가먼트 기술로 탄생한 '3D 니트'와 같이 빠르게 생산할 수 있는 시스템이 생겼습니다.

··

홀가먼트 기술은 개인의 몸에 맞춘 니트를 간단히 만들 수 있다는 가능성이라는 의미로도 패션업계에서 주목받고 있다고 들었습니다.

확실히 지금의 퍼스널 상품은 소비를 부르는 의미로도 아주 중요한 요소가 됩니다. 단, 색과 모양을 자유롭게 선택할 수 있는 맞춤형은 기업이 생각하는 정도로 수많은 소비자가 필요로 하고 있지 않다는 사실에 주의해야 합니다. 개인에게 알맞은 상품을 눈앞에 빠른 시일 내에 보여주길 기대합니다.

또, 미국의 밀레니엄 세대에는 '무엇이 이 세상을 위한 것인가?'에 대해 진지하게 생각하고 마주하는 분위기입니다. 내 회사는 사회에 공헌하고 있는지, 이 상품은 어떤지 등에 대해 바라보는 시선을 갖고 있습니다. 그에 비해 일본의 젊은이들은 그렇지 않습니다.

지금까지의 기업은 모두에게 공감 가는 이야기를 제시하면 지지를 받았지만, 이제는 거짓말이 통하지 않는 시대가 되었습니다. 2017년에 유나이티드 항공에서 승객을 기내에서 끌어내리는 사건이 일어났을 때, 빠르게 SNS를 통해 확산하였습니다. 이렇게 되면 아무리 큰 광고를 해도 이미지는 회복할 수 없습니다. 기업에서 가장 중요한 사실은 '스토리텔링'이 아니라 신뢰를 쌓는 '신뢰 구축'입니다.

이는 공로자 명단에 오르는 야구선수를 생각하면 됩니다. 시즌에 한번 화려한 활약을 펼치지 않고 시합에서 단타를 꾸준히 치는 것이 더 인상 깊습니다.

....

불꽃을 터트리기보다 꾸준한 노력이 결실을 보기 쉽다는 거군요

단, '불꽃'이 효과를 보는 경우도 있습니다. 나이키는 2018년에 슬로건 'Just Do It'을 30주년 캠페인으로서, NFL 샌프란시스코 포티나이너스의 전 쿼터백 콜린 캐퍼닉을 기용했습니다. 그는 2016년 NFL 시합 전 국가제창 중에 기립하지 않고 한쪽 무릎을 꿇는 자세를 취하며 인종차별에 대해 항의를 했습니다. 이에 공조한 여러 선수가 나왔고 트럼프 대통령이 트위터에서 비판하는 등 물의를 빚었습니다.

광고에는 그의 얼굴과 'Believe in something, even if it means sacrificing everything.'이라는 메시지만 나왔습니다. '신념을 가지세요. 설령 그것이 당신이 가진 모든 것을 희생해야 한다는 걸 의미할지라도'라는 강력한 메시지에 공감하는 사람과 불쾌감을 나타내는 사람으로 여론은 나뉘었습니다. 나이키 신발을 불태우자고 강력하게 소리 지르는 사람도 있었지만, 오히려 매출이 크게 늘기도 했습니다.

모든 사람이 받아들여지는 메시지를 어필하기보다 물의를 빚은 화제라도 명확하게 주장하는 편이 매출로도 이어집니다.

37

이러니 저러니 해도
5G는 변혁의 열쇠다

5G / 안경형 디바이스 / VR 시청 / 원격 여행 / 원격조작

[5G]

제5세대의 모바일 통신규격을 말한다. 기존보다도 고속 대용량 통신을 가능하게 하는 첫 번째 포인트가 주파수대다. 현재의 3G와 4G에서는 700Hz에서 3.5GHz대를 사용하고 있지만 5G에서는 3.6GHz대, 4.5GHz 대, 28GHz대라는 높은 주파수대가 주어진다. 그 대역 전파는 차폐물에 약한 반편 큰 정보량을 전송할 수 있는 특징이 있다.

모바일 통신의 세대교체가 눈앞에 다가왔다. '3G'에서는 스마트 폰의 등장으로 인해 음성에서 데이터 통신으로 사용법이 크게 변화

했고, '4G(LTE)'에서는 대용량 데이터 통신으로 인해 인스타그램이나 유튜브 등 사진과 동영상의 업로드와 다운로드가 일상화되었다. 그렇다면 5G에서는 어떤 변혁이 일어날까?

"현장감"을 360도 화면으로 라이브 전송

5G는 4G에 비해 3가지 큰 진화점이 있다. 첫 번째는 더 빠른 고속 대용량화다. 통신속도는 광회선과 비슷한 20Gbps 수준이다. 4K나 8K의 고선명 사진을 전송할 수 있게 된다.

현재의 스마트폰 화면 사이즈에서는 해상도를 올려도 차이는 거의 없다. 동영상을 동시에 여러 개 보내거나 360도 동영상 스트리밍 서비스가 장점이 된다. VR 고글로 스포츠나 라이브 중계를 보면 마치 현장에 있는 느낌을 받을 수 있다.

두 번째는 저지연이다. 지금까지는 영상을 원거리로 보내면 한 템포 늦게 전송됐지만 5G라면 타임래그가 거의 없이 시청할 수 있다. 이 특성을 살린 것이 바로 '원격조작'이다. 소비자용으로는 '원격여행'이 있다. VR 고글과 감촉, 압력이 느껴지는 글러브를 장착하고 원거리에 있는 로봇을 조작한다. 시각뿐만 아니라 촉각 등 마치 현장에 있는 느낌을 받을 수 있다. 타임래그가 없어지면서 원격운전과 원격 수술도 현실이 된다.

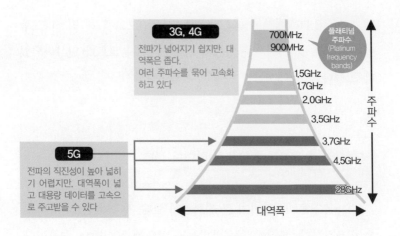

3G, 4G
전파가 넓어지기 쉽지만, 대역폭은 좁다.
여러 주파수를 묶어 고속화 하고 있다

700MHz
900MHz

플래티넘 주파수
(Platinum frequency bands)

1.5GHz
1.7GHz
2.0GHz
3.5GHz
3.7GHz
4.5GHz
28GHz

주파수

5G
전파의 직진성이 높아 넓히기 어렵지만, 대역폭이 넓고 대용량 데이터를 고속으로 주고받을 수 있다

대역폭

2020년, 5G의 진가가 드러나는 시기

세 번째는 접속할 수 있는 디바이스 수가 지금의 10배까지 대폭 늘어난다는 것이다. 5G로 연결되는 제품은 사람들이 가지고 있는 스마트폰만이 아니다. 동네에 있는 각종 센서나 카메라, 자동차 등 모든 사물이 인터넷과 연결되는 'IoT'의 움직임이 가속하는 것은 틀림이 없다.

5G는 데이터 전송량은 뛰어나지만, 방해물에 약한 특성을 가진 전파를 사용하므로 영역이 한정적이다. 당분간은 3G나 4G와 겸용되지만, 5G의 효용은 증명되는 중이다.

동시에 접속할 수 있는 디바이스 수가 4G의 10배로 늘어난다.

스마트폰 이외의 여러 가지 디바이스가 인터넷으로 연결되는 IoT 화의 물결이 가속한다. 인터넷을 통해 정보를 교환하는 커넥티드 카가 당연해지고 동네에 카메라나 센서가 늘어나 생활이 편리해진다. 또, 디지털 게시판도 늘어난다.

고선명과 다시점 영상을 전송할 수 있다

5G의 통신속도는 20Gbps로 광회선 수준으로 예상되며 현재 4G의 20배에 달한다. 4K나 8K와 같은 고선명 영상을 전송할 수 있는 한편, 여러 대의 카메라로 촬영한 영상을 동시에 전송할 수도 있다. 다시점 영상을 전환하면서 관전하거나 360도 영상을 사용한 VR 시청도 가능하게 된다.

타임래그 없이 멀리 있는 것을 움직인다

5G의 무선구간 지연은 1ms(1,000분의 1초)로 0에 가깝다. 멀리 있는 영상을 타임래그 없이 전송할 수 있으며, 원격조작을 해도 위화감이 없다. 영상과 음성을 추가해 촉감 등도 전하는 원격여행이나 영상을 보면서 멀리 있는 건설기계나 자동차를 원격조작하는 실증실험도 진행되고 있다.

4G의 속도 향상은 이제 한계다

늘어나는 데이터를 새로운 규격으로 풀어낼 때

나카무라 다케히로中村武宏는 1990년 요코하마국립대학横浜国立大学 대학원 수료하고 같은 해 NTT에 입사하여 1992년부터 NTT 도코모에서 연구개발에 종사했다. 1999년부터는 통신규격 국제표준화단체 '3GPP'에 참가하여 부의장과 의장으로 역임했다. 현재는 NTT 도코모 5G 이노베이션 추진실 실장으로 있다.

왜 지금 4G(LTE)에서 5G로 크게 방향을 바꾸려고 하나요?

서비스 시작 당시는 37.5Mbps였던 LTE 서비스는 캐리어 애그리게이션Carrier Aggregation 등 기능확장을 겸해 1Gbps까지 속도가 향상하고 있습니다. 이 속도는 1.5Gbps까지는 올릴 수 있지만, 그 이상은 한계입니다. 5G라면 시작 당시부터 5Gbps를 넘는 속도가 기술적으로 서포트되고 있습니다. 또, 저지연, 동시 다접속이라는 특징으로 IoT 솔루션을 넓힐 수 있습니다.

지금까지는 없었던 높은 주파수대를 사용하지만, 전파가 닿기 어렵다는 특성이 있는데, 이를 어떻게 극복할 예정입니까?

지금까지 이동통신에서는 6GHz 이하로만 사용할 수 있다고 했습니다. 그러나 거기에는 주파수대의 공백이 없습니다. 증대하는 데이터양을 해결하려면 높은 주파수대를 개척하는 방법밖에 없습니다. 도달하기 어려운 전파지만, 필요한 장소에 핀포인트로 서비스를 제공할 수 있습니다. 기존의 4G와 겸용하므로 고객이 사용하기 어렵지 않을 겁니다. 향후에는 3G나 4G에서 사용하는 주파수대를 5G로 전환하는 것도 생각하고 있습니다.

NTT 도코모가 제작한 5G 프로모션 비디오에서는 관객이
선수 시점에서 시합을 즐기는 미래를 소개하고 있다.

38

2030년에는 '단백질 위기'가 온다고?

곤충 / 머슬참돔 / 푸드홀 / 경감세율 / 모바일오더페이

단백질 위기를 조류^{藻類}와 곤충으로 구하다

현재 상태가 계속되면 전 세계 인구는 2050년에 90억 명을 돌파하게 된다. 게다가 개발도상국의 식생활이 향상되어 육식화하면 2050년에는 2005년보다 약 2배의 단백질이 필요해진다는 계산도 있다. 또 몇 년 후인 2025~2030년에는 단백질의 수요와 공급 균형이 깨지는 '단백질 위기'가 찾아온다. 이 사태에서 인류를 구할 최대 후보가 '조류^{藻類}'다.

인구 증가에 따른 단백질 수요 확대에 가축 사료가 되는 곡물 등의 공급이 따라가지 못하고, 전 세계에는 단백질 부족 현상이 일어

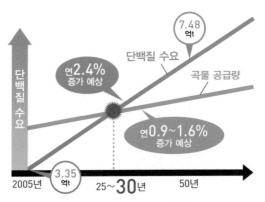

단백질 수요와 공급. 치토세 연구소^{ちとせ研究所}가 제공한 데이터를 기준으로 재가공.

나게 된다. 이 위기가 찾아오는 시기는 2030년으로 얼마 남지 않았다. 식품 업계에서는 지금 대항책으로 새로운 단백질 제품이 속속 등장하고 있다.

식품의 미래는 어디로 갈 것인가? 스피루리나

그중에서도 식물성 단백질로 육류 제품을 대체하는 움직임이 점점 가속화하고 있다. 대표적인 예로는 대두지만, 대두보다 더 높은 단백질 함유량을 자랑하는 식품이 바로 조류인 스피루리나다. 스피루리나 상품을 판매하는 타벨로^{TAVELMOUT}는 '대두의 단백질 함유량이

40%인데 비해 스피루리나의 단백질 함유량은 70%로 성장 속도도 빠르고, 단백질 생산에는 매우 효율적'이라고 자랑한다. 스피루리나 는 그동안 독특한 풍미 때문에 좀처럼 잘 알려지지 않았지만, 개발 을 거듭하여 저항감을 줄인 스피루리나 판로를 넓힐 예정이다.

판매 확대를 위한 스피루리나의 변신

그다음 목표는 스피루리나의 '밀가루'화다. 단백질 분말로 빵이나 면, 대체 고기 등으로의 활용을 염두에 두고 있다. 녹색 색소를 빼는 것은 이미 성공을 했고 범용성 높은 분말 타입을 만들어 일반 식재 화도 노리고 있다.

미츠비시 상사 등에서 양산화를 목표로 약 17억 엔을 투자했다. 2019년 여름에는 브루나이에 신공장을 건설하고 연간 생산량을 지 금의 20배에 달하는 1,000t까지 늘릴 예정이다. 이 공장에서는 신 재배법도 도입할 예정이다. 필요한 영양소를 녹인 물을 넣은 통 모 양의 비닐 안에 재배를 할 수 있어 대규모 연못도 필요 없어졌다. 치 토세 연구소의 대표이사 최고광합성 책임자는 '스피루리나는 광합 성에 필요한 영양소와 빛, 물만 있다면 성장하는 지속가능한 식재 료다. 이 방법이라면 어디서든 재배할 수 있다'고 말한다. 달의 장기 체류를 위한 단백질 생산 시스템을 채용하는 등 우주 재배도 연구하고 있다. 컴팩트함을 살린 가정용 단백질 생산시스템도 개발 중이다.

타벨모는 조류의 독특한 풍미가 적은 생 스피루리나를 식재료에 섞을 수 있는 냉장 타입으로 판매. 콜드 프레스 주스 등에도 넣을 수 있다.

39

식량 문제는 반드시 온다

곤충식 / 누에원료 / 단백질 위기

　새로운 동물성 단백질로는 '곤충식'에 대한 움직임이 있다. 2013년에 UN 식량농업기관이 식량문제의 해결책 중 하나로 권장한 이후 주목받기 시작했다. 2014년부터 곤충식을 온라인에서 판매하고 있는 타케오^{TAKEO}는 '게임 벌칙용으로 구매하는 고객도 있지만 식재료로 구매하는 고객이 늘고 있다'고 말했다. 2018년《네이처》에는 식재료로서 이용하기 쉽고 곤충식의 유력한 후보라 할 수 있는 귀뚜라미를 분말로 2주간 섭취한 결과 장내의 플로라가 개선됐다는 미국 논문이 발표됐다. 향후 '기능성'도 곤충식의 열쇠가 될 것으로 보인다.

일본에서도 교토대학과의 공동연구에서 파생한 기업 엘리[Ellie]가 누에의 기능성 곤충식을 내놓으려고 한다. 식품에 사용되는 분석 방법으로 누에를 조사한 결과, 혈당치를 낮추는 작용과 정장작용 등 기성을 갖춘 성분이 포함돼 있다고 판명했다. 가지쿠리 다카구리[梶栗隆弘] 대표이사는 '저당질과 고단백이라는 곤충식의 특징에 기능성이라는 새로움을 팔고 싶다'고 말했다. 기린 등 여러 대기업의 리소스를 활용하면서 상품을 개발하고 2019년 내에는 상품화할 예정이다. '단백질 위기라는 문제에 다양한 대책이 등장하여 시장이 활성화되면 해결에 가장 빠른 길이 될 것'이라고 가지구리 대표는 말한다.

식량 문제를 해결할 신기술의 발전 방향

2019년 누에 원료를 이용한 기능성 곤충식 등장

스타트업 엘리는 누에의 체내에 포함된 기능성 성분에 주목했다. 고단백 저당질이라는 특징뿐만 아니라 기능성도 어필한 곤충식을 2019년에 발매했다.

2020년 조류를 사용한 가정용 단백질 생산 시스템 시작품 완성

치토세 연구소는 단백질 함유율이 높은 조류 스피루리나를 가정에서 재배할 수 있는 컴팩트한 생산시스템을 개발 중이다. 3년 이내에 완성될 예정이다. 유전자 변형된 두툼한 머슬 참돔도 주목할 만하다.

2025~2030년 단백질 수요와 공급의 붕괴
인구 증가로 축산 등의 공급량이 따라가지 못하고 단백질 수요와 공급 균형
이 무너진다. 바로 단백질 위기의 도래다.

2050년
전 세계 인구 90억 명 돌파할 것이다. 단백질 필요공급량은 2005년에 비해
약 2배로 증가한다.

고단백 저당질의 곤충식? 과연 어떨까?

2013년 UN 식량농업기관이 곤충식 권장을 선언한 이후, 크게 주
목받고 있다. 고단백, 저당질을 강조하는 문구에 식용으로 사용하기
쉬운 귀뚜라미를 사용한 상품이 인기다. 누에에는 혈당치를 낮추는
작용과 정장작용 등의 기능성을 갖춘 성분도 발견됐다. 곤충식 시장
에서는 향후 '기능성'을 어필하는 상품이 등장할 것으로 보인다.

기능성 곤충식
엘리는 누에를 분말화하여 '기능성'을 강조한 쿠
키나 영양제를 개발 중이다.

곤충식의 유력한 후보

2014년에 곤충식 온라인 판매를 시작한 타케오는 고객의 요청으로 2018년에 오프라인 매장을 처음으로 오픈했다.

귀뚜라미 파스타 튀김. '이 상품의 20%는 귀뚜라미입니다' 라는 문구가 붙어 있다.

대두 대체품

건강에도 좋고 고단백인 대두 대체 제품의 움직임이 더욱 활발해지고 있다. 2018년 4월에는 채식주의자용 시리즈의 일부로 '대두 고기' 등이 발매되었다. 카메다제과亀田製菓도 대두를 진미채처럼 만든 신상품을 시범 판매한다.

"유전자 변형한 두툼한 머슬 참돔"으로 양식을 효율화

바다 장어의 세계 첫 완전 양식도 꿈꾼다

가토 케이타로東戸敬太 교수는 1992년 킨키대학 대학원 농학연구과 수산학전공 석사과정 수료했다. 2014년부터 현직. 전공은 수산증식학, 수산육종학으로 와카야마 현 시라하마 실험장장, 후쿠야마 현 이미즈 실험장장을 겸직 중이며, 긴키대학近畿大学 수산연구소 교수를 역임 중이다.

유전자를 변형하여 근육량을 증가시킨 '머슬 참돔'이 화제입니다. 어쩌다 생선의 근육에 주목했나요?

참돔 양식을 연구하면서 사람이 먹을 수 있는 양이 40%가 채 되지 않는다는 부분에 문제의식을 느꼈고 효율화를 위해 근육량을 늘리려고 생각했습니다. 근육의 증가를 억제하는 마이오스타틴^{myostatin}이라는 유전자가 있는데, 이 기능을 억제하면 근육량을 늘릴 수 있다고 생각해서 게놈 편집을 활용하고 있습니다. 2014년 4월부터 양식을 시작했고 2016년에 처음으로 '머슬 참돔'이 탄생했습니다. 일반 참돔이 성장하려면 2년이 걸리지만 성 성숙을 앞당기는 게놈 편집도 하여 6개월로 그 기간을 단축했습니다. 이로 인해 양식의 효율화도 예상됩니다.

상품화에 있어서 법규제의 문제가 예상되는데 구체적으로는 어떤 부분이 논의되고 있나요?

유전자 변형 생물로 다룰 것인지 아닌지가 논점이 되고 있습니다. 2013년 연구 시작 당시부터 5년이 지나도 결론이 나오지 않았습니다. 그러나 2018년에 환경성에서 큰 움직임이 있었고 유전자를 '빼기'만 하는 게놈 편집은 변형에 해당하지 않는다고 검토되기 시작했습니다.

사실 마이오스타틴의 기능이 멈추는 것은 갑작스러운 변이로도 일어날 만한 일입니다. 유전자 변형에서는 대부분의 경우 별도 유전자를 '넣지만', 이번 게놈 편집은 자연스럽게 일어날 수 있는 가능성을 노렸습니다.

단, '유전자 변형에 해당하지 않는다'고 해도 전례가 없기 때문에 이번에는 식품 안전성이라는 면에 있어서 농수성 등과 함께 룰을 만들어 갈 예정입니다. 앞으로 관련 데이터를 축적할 예정이지만, 완료까지 2년 이상이 소요된다고 예상됩니다. 5년 이내에는 머슬 참돔을 어떻게 취급할지 결론이 날 것으로 예상됩니다.

향후 머슬 참돔 자체를 어떻게 개량할 생각입니까?

마이오스타틴의 기능을 멈추는 것은 완벽하게 성공했습니다. 2018년 6월에는 양산화에도 성공했고 일반적인 참돔과 비교해 근육의 단면적이 34% 증가했다는 사실도 알게 되었습니다. 다만, '유전자 변형에 해당된다'라고 할 경우, 육지 시설에서의 양식을 생각해야 합니다. 해면 양식할 경우, 활어 조에서 도망가면 자연 참돔과 교배할 가능성이 있기 때문입니다.

그러나 육지 양식은 비용이 들고, 처음 목표와는 멀어지게 됩니다. 그래서 해면에서의 양식이 가능하도록 성 기능이 성숙하지 않는 참돔을 생산하는 연구도 하고 있습니다. 그렇게 된다면 도망가더라도 자연집단에 영향을 미칠 걱정은 하지 않아도 됩니다.

바다 장어의 완전 양식 연구의 계기가 된 배경에는 멸종이 우려되는 민물장어는 어떤가요?

사실 바다 장어종 자체도 급감하고 있습니다. 지금까지 가장 많이 잡을 수 있었던 세토나이카이瀬戸内海에서도 1/8, 오사카만도 1/20로 줄어들었습니다. 게다가 민물장어는 완전 양식 자체에는 성공했고 이제 어떻게 양산화를 할지 고민하는 단계입니다만, 바다장어는 애초에 알을 낳게 하는 것부터 어려운 상황입니다. 치어일 때부터 양식은 어느 정도는 잘 되므로 2004년에 연구를 시작한 당초는 민물장어보다도 간단하다고 생각했지만 직접 해보니

당치도 않았습니다.

먼저 바다장어는 수온을 10도 이하로 낮추지 않으면 성적으로 성숙하지 않습니다. 민물장어보다도 훨씬 더 낮은 온도여야 합니다. 알의 공급을 안정화하기 위한 호르몬 주사도 민물장어는 효과가 쉽게 나타나지만 바다 장어는 죽어버리고 맙니다. 단지, 수온에 관해서도 연구를 계속하면서 알게 된 사실을 통해 향후 시행착오를 겪으면서 완전양식을 목표로 하고 있습니다. 양식 자체는 잘 되었으니 양식에 플러스알파로 알도 공급할 수 있도록 하여 자원을 확보하고 싶습니다.

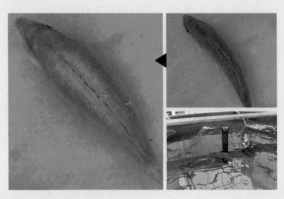

유전자 변형 머슬 참돔. 일반 참돔.

40 외식업 스마트 오더가 불러온 기회

모바일오더페이 / 미세플라스틱 / 테이크아웃 용기

스마트폰의 활용은 점차 범위가 넓어지고 있다. 스타벅스에서 실행 중인 사이렌 오더는 이미 유명하다. 출판 분야에서는 바로드림이라는 서비스로 미리 주문한 책을 오프라인 매장에서 픽업하는 시스템을 떠올릴 수 있다. 모바일 오더페이의 영역은 이미 베타서비스에 이어 제휴업체 확보에 나섰다. '테이블 오더', '배민스마트오더'라는 이름으로 카카오, 배달의 민족 등은 스마트폰에서 미리 주문하여 포장해가는 서비스를 확대 중이다.

여기서 주목해야 할 또 다른 기회는 바로 플라스틱 용기의 개발이다.

틈새시장은 바로 테이크아웃 용기

해양생물이 직경 5mm 이하의 '미세플라스틱'을 음식으로 오인해 잘못 먹게 되는 경우가 많다. 이 사태에 대응하기 위해 플라스틱 대체 움직임이 가속화하고 있다. 벤처기업인 TBM은 석회석을 주원료로 플라스틱 대체 소재인 'LIMEX'를 개발했다. 플라스틱 용기 등을 대체할 수 있으며 점차 더 확대할 예정이다. 현재 약 40% 사용된 석유 유래 수지를 식물 유래의 생분해성 수지로 바꾼 신소재 개발도 검토 중이다.

탈플라스틱 물결이 식품 용기에도 영향을 미친다. 미세 플라스틱 문제를 피하기 위해 석회석으로 만든 플라스틱 용기.

41

의료에 부는
미래의 바람

재생의료 / 유도만능 줄기세포 / 뮤즈세포 / 옵디보

병이나 사고가 원인으로 기능을 잃어버린 조직이나 장기를 '세포의 힘'으로 고친다. '재생의료'는 닛케이 BP 종합연구소와 닛케이 BP 컨설팅이 2018년 여름에 실시한 '2030년 기술 기대도 랭킹'에서도 1위가 되는 등 주목받은 핫한 키워드다. 지금까지 없었던 획기적인 치료법인 데다 '보조금과 법률 정비 등 재생의료의 산업화를 촉진하므로 국가 차원에서 적극적으로 백업 체제를 갖추는 것도 시장이 활기를 띠는 이유 중 하나'라고 말한다. 그중에서도 최근 다시 주목받고 있는 것이 '유도만능 줄기세포'다.

'세포의 힘'으로 병마와 싸우는 시대

유도만능^{iPS} 줄기세포는 2007년 교토대학의 야마나카 신야 교수가 사람 체세포에서 채취한 '인공다능성 줄기세포'. 여러 세포로 분화되거나 대부분 무한 증식하는 능력을 갖추고 있다. 피부 등의 세포에 특정 인자를 도입하여 제작한다. 이는 목적 세포에 분화시켜 사용한다. 장기나 조직을 원래 상태로 돌리는 '재생 세포' 외에, 약효과나 병 상태를 체외에서 분석하는 목적으로도 사용된다. 같은 다능성 줄기세포인 배아 줄기세포는 수정란에서 조금 성장한 세포의 일부를 채취하여 만든다.

환자로부터 채취한 면역세포를 강화 〉
유도만능 줄기세포 기술을 암 치료에 응용

교토의 벤처기업인 '사이아스^{thyas}'는 교토대학 유도만능 줄기세포 연구소의 카네코 신金子新 준교수의 연구실과 공동으로 유도만능 줄기세포에서 '치료용 재생 T세포'를 만드는 연구개발을 하고 있다. 암 환자의 체내에서 암세포를 공격하는 면역세포(T세포)를 채취하여 유도만능 줄기세포를 초기화하여 배양하는데, 이를 다시 T세포로 분화시켜 이식하면 암 면역세포 치료가 가능하다고 한다. '유도만능 줄기세포로 대량 배양할 수 있도록 하는 등 면역세포를 기능적으로 젊어지게 할 수도 있다'고 사이아스는 말한다. 이제 임상시험 시작을 앞두고 있다.

체세포 다능성 유도인자 유도만능 줄기세포 분화유도 여러 세포 재생의료 신약개발 병 상태분석 등 환자

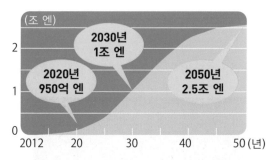

재생의료의 향후 시장 예측. 일본 경제산업성의 예측에 따르면 재생의료의 일본 국내시장은 2030년에 1조 엔 규모, 2050년에는 2.5조 엔의 규모로 증가할 것으로 예상한다.

현재 활용이 진행되고 있는 연구 분야

각 연구소는 유도만능 줄기세포 관련된 연구를 진행 중이다. 개발은 꾸준히 진행되고 있고, 임상실험이 시작한 질환도 있다. 진행성 골화성 섬유이형성증, 노인성 황반변성, 파킨슨병, 중증 심부전 그

외에도 여러 질환으로 연구가 진행 중인데, 척수손상, 연골질환, 인슐린 의존성 당뇨병, 대사성 장기 창출 등이 그것이다.

- 척수손상/뇌경색-게이오기주쿠대학
- 연골질환-교토대학
- 인슐린 의존성 당뇨병-도쿄대학
- 대사성 장기 창출-요코하마시립대학

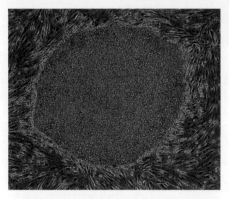

사진제공 : 교토대학京都大学 교수 야마나카 신야山中伸弥

42

뮤즈^{Muse} 세포,
누구나 체내에 보유하고 있는
〈만능 세포〉

만능 세포 / 재생의료

'뮤즈 세포'란, 몸 안에 있는 다능성 줄기세포를 말한다. 2010년 도호쿠대학^{東北大学}의 데자와 마리^{出澤真理}교수가 발견했다. 초기화나 분화와 같은 인공적인 조작이 필요한 유도만능 줄기세포와 달리 종양 위험도 낮다는 점도 특징이다. 또, 수액으로 투약하면 손상 부위에 집적하여 적절한 세포에서 스스로 분화해 조직을 재생시킨다. 비용도 저렴하고 안전성이 높은 재생 의료로 기대된다.

사람이 가진 만능세포가 병을 낫게 한다

ES세포, 유도만능 줄기세포에 이어 "제3의 만능세포"로 불리며 관심을 끌고 있는 것이 '뮤즈세포'다. 인공적으로 만들어내는 유도만능 줄기세포와는 달리 사람 체내에서 발견된 재생 줄기세포다. 누구나 체내에 가지고 있는 다능성 줄기세포다.

놀라운 것은 이뿐만이 아니다. 사람에게서 채취하여 증식하는 뮤즈세포를 환자에게 주사하면 혈류를 따라 손상 부위에 모여 필요한 세포가 스스로 분화하여 조직을 재생시킨다. '조직이 파괴되면 "SOS 물질"이 방출되어 이를 의지하는 뮤즈세포가 손상부분에 모인다'고 도호쿠 대학 대학원의 데자와 마리出澤真理교수가 말했다. 뮤즈세포가 손상 부위에서 분화하여 조직을 재생시키는 메커니즘도 분석하고 있다고 한다. 유도만능 줄기세포와 같이 목표 세포에 분화시키는 수고나 비용이 들지 않고 '장래를 보아 소규모 클리닉에서도 수액으로 재생의료가 가능하게 될 것'이라고 데자와 교수는 말한다.

미쓰비시 케미컬 홀딩스의 자회사인 '생명과학 인스티튜드'와 손을 잡고 2018년 1월에 급성 심근경색, 9월에 뇌경색 치료를 시작했다. '결과에 따라서는 빠르면 2021년 보험 적용을 목표로 하고자 한다'고 생명과학 인스티튜드의 키소 세이치木曽誠一사장은 말했다. 뮤즈세포의 특징은 다음과 같다.

- 모든 세포에 분화하는 '다능성' 보유
- 생체 유래로 인해 종양 증식성을 나타내지 않음
- 면역 시스템으로 인한 거부반응이 잘 일어나지 않음
- 체내 조직의 손상 부위에 집적
- 필요한 부위에서 필요한 세포로 분화하여 기능

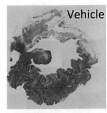

장어의 심근경색(왼쪽). 혈관 투여한 뮤즈세포가
경색영역을 재생시킨다(오른쪽).

43 재생의료에 보험이 적용될 것인가?

재생의료 / 보험 / 의료

만능세포, 그중에서도 '유도만능 줄기세포'가 주목받고 있다면 이를 위한 실질적인 준비는 어떻게 될까? 이를 어떻게 사업으로 연결시킬 수 있을까?

이미 공개된 정보, 누가 어떻게 이용할 것인가

유도만능 줄기세포는 공개된 지 약 10년이 됐고 지금까지의 기초연구에서 임상연구와 실험 양상에 드디어 움직임이 보인다 2014년

이화학연구소와 고베시립 의료센터 중앙시민병원 등은 유도만능 줄기세포를 이용한 세계 첫 임상 수술(안과 질환)을 실시했다. 2018년 5월에는 오사카 대학이 중증 심부전 환자에게 임상연구를 시작했다고 발표했으며 게이오기주쿠대학은 척수손상 환자에게 임상연구 실시를 목표로 하는 등 유도만능 줄기세포 관련 임상계획이 이어지고 있다.

유도만능 줄기세포를 통한 재생의료의 보험적용이 전제되는 치료에 하루빨리 노력한 곳이 교토대학이다. 교토대학은 2018년 10월에 치료의 첫 번째 열이 되는 유도만능 줄기세포를 이용한 파킨슨병 이식수술을 실시했다고 발표했다. 수술 후 경과는 양호하며 치료로는 7번째 열 이식을 예정하고 있다고 한다.

불치의 병을 정복하는 마지막 희망

파킨슨병은 뇌 속의 '도파민 신경세포'가 감소하여 그 도파인 신경세포가 만드는 신경전달물질인 도파민이 부족한 현상으로 손발이 떨리거나 경직되어 움직일 수 없게 되는 질환이다. 이번 수술에서는 유도만능 줄기세포에서 빼낸 약 240만 개의 도파민 신경세포를 뇌 속에 직접 투여했다. '모든 일이 순조롭게 진행되면 마지막 7번째 열 수술이 연 내에 끝난다. 2년간 관찰 기간을 거쳐 결과가

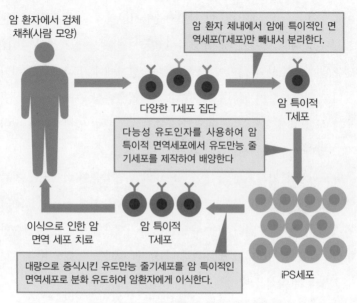

암 환자에서 검체 채취(사람 모양)

다양한 T세포 집단

암 환자 체내에서 암에 특이적인 면역세포(T세포)만 빼내서 분리한다.

암 특이적 T세포

다능성 유도인자를 사용하여 암 특이적 면역세포에서 유도만능 줄기세포를 제작하여 배양한다

이식으로 인한 암 면역 세포 치료

암 특이적 T세포

대량으로 증식시킨 유도만능 줄기세포를 암 특이적인 면역세포로 분화 유도하여 암환자에게 이식한다.

iPS세포

치료용 재생 T세포(교토대학 유도만능 줄기세포 연구소, 사이아스). 암 환자의 면역 세포를 유도만능 줄기세포화하여 대량으로 배양한다.

상당히 좋다면 2023년경에 일본 국내의 보험 적용 신청이 최상의 시나리오'라고 한다. 향후 뇌경색 등 다른 질환에도 시야를 넓히고 싶다고도 한다.

유도만능 줄기세포가 암 치료에 도움이 되도록 하는 아이디어도 있다. 교토대학 유도만능 줄기세포 연구소에서 만든 벤처기업 '사이아스'는 면역세포를 이용하는 방법을 연구개발하고 있다. 예상되는 치료법으로는 먼저 암 환자의 체내에서 암세포를 공격하는 면역세

포를 채취하여 유도만능 줄기세포를 만든다. 배양 후에 다시 면역세포를 분화시켜 환자의 체내에 투여하여 암 공격력을 증강하는 구조다. '면역세포는 과잉 증식시키면 기능을 잃는 경향이 있지만 유도만능 줄기세포의 경우 무한증식할 수 있다'고 사이어스의 히토시 히로미치^{等 泰道}사장은 말했다.

유도만능 줄기세포, '미니 간'이 장기부족을 구한다?

발상의 전환으로 세포가 3차원 구조로!

다니쿠치 히테키谷口英樹교수는 1989년 쓰쿠바대학筑波大学 의학전문학군 졸업. 같은 대학 임상의학계 간호, 외과의(소화기)를 거쳐, 2002년부터 요코하마시립대학 의학부 교수로 재직, 도쿄대학東京大学 줄기세포치료연구센터 재생의학분야를 연구하고 있다. 전문 영역은 재생의학, 줄기세포 생물학, 이식외과학 등이다.

유도만능 줄기세포로 장기를 만든다고 들었습니다. 요코하마시립대학 장기재생 교실은 세포 레벨의 연구개발이 대부분을 차지하는 재생의료에서 장기라는, 수준이 다른 스케일을 목표로 내세워 다니구치 히데키 교수진이 2017년 12월에 유도만능 줄기세포에서 '미니 간'을 대량으로 만들어내는 방법을 개발했다고 들었습니다. 수많은 장기 중에서 왜 간을 타깃으로 했나요?

예를 들어 신장 질환에는 투석요법이, 췌장질환에는 인슐린 펌프 요법 등이 있지만 간이 나빠진 경우의 선택지는 간 이식밖에 없습니다. 하지만 실제로 이식이 가능한 장기가 절대적으로 부족한 상황으로 연간 약 3만 건의 장기 이식이 이뤄지고 있는 미국에서도 대기 환자가 13만 명에 가깝습니다. 앞으로 이런 상황은 더 심각해진다는 사실은 통계적으로도 밝혀졌습니다. 간을 어떠한 형태로 조달하지 않으면 영원히 해결되지 않는 과제입니다.

유도만능 줄기세포를 간세포에 분화시켜 이식하지 않고 장기제작을 목적으로 한 이유는 무엇인가요?

유도만능 줄기세포에서 만든 간세포를 주사하는 임상 시험은 여러 번 실시했지만 모두 썩 좋은 결과를 낳지 못했습니다. 애초에 장기란 여러 종류의 세포로 만들어져 있습니다. 그래서 저희는 발상을 전환하여 '세포 제작'에서 '장기 제작'으로 목표를 바꿨고, 그러자 빛이 보였습니다. 실제로는 유도만 능 줄기세포에서 분화한 간세포 외에 '간충직 줄기세포'와 '혈관 내피세포'라는 3가지의 세포를 만들어 시험관에서 배양합니다. 조건만 갖춰지면 세포 끼리 자율적으로 응집하여 약 72시간 만에 자체 구조를 만들기 시작합니다. 세포배양은 대부분 2차원 시트 형태지만, 이는 3차원 구조입니다. 내부에는 혈관과 같은 구조로 만들어져 있고 간과 거의 같은 움직임을 보이는 '미니 간'이라는 사실을 알 수 있습니다.

그런 미니 간을 어떻게 간으로 만드나요?

쿠라레이와 공동개발한 특수 플레이트 '엘플라시아'를 사용해 대량으로 배양합니다. 플레이트에는 직경 500㎛의 아주 작은 홀이 무수히 생겨 미니 간을 균일하게 배양합니다. 하나하나는 작지만, 조건이 갖춰지면 미니 간끼리 붙어 큰 덩어리를 만듭니다. 저희는 장래를 보아 이 미니 간의 덩어리를 이식하여 환자 몸에 기능적인 간으로 키워 '사람 기관배양'이라는 컨셉을 생각하고 있습니다. 저의 '스승'이신 이와사키 요지岩崎洋治 선생님(쓰쿠바대학筑波大学 명예교수)은 일본에서 처음으로 간 이식을 하신 분이지만, '외과의사 는 사실 절반만 치료하고 나머지 절반은 환자 자신이 치료한다는 사실을 잊 어서는 안 된다'고 자주 말씀하셨습니다. 그 말씀에서 사람 기관배양이라는 컨셉을 떠올렸습니다.

실제 치료에 사용되기까지 얼마나 걸릴까요?

현재, 일본 국립성육의료 센터인 연구팀과 함께 '요소 사이클 이상증'이라는 어린이 간 질환의 임상시험을 준비하고 있습니다. 전 세계적으로 5000만 명 이상이 앓고 있는 간 경변 임상시험도 현 상황에서는 3~4년 후를 목 표로 연구개발에 박차를 가하고 있습니다. 어디까지나 이상이지만 결과가 좋다면 빠르면 지금부터 10년 후에는 일반적인 치료로 인정받을지도 모릅 니다.

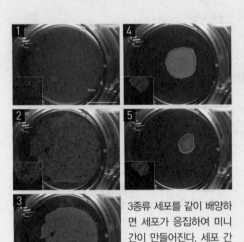

3종류의 세포가 응집하여 3차원 구조를 가진 미니 간 분석도. 혈관 모양 구조 등이 보여 자가조직화한다는 사실을 알 수 있다. 《네이처 Nature》 2013에서 인용.

3종류 세포를 같이 배양하면 세포가 응집하여 미니 간이 만들어진다. 세포 간 상호작용이 생겨 자가조직화를 한다.

암 치료 최전선,
옵디보

암 면역치료약 옵디보^Opdivo^니볼루맙(Nivolumab)의 개발로 이어지는 'PD-1'을 개발한 교토대학의 혼조 다스쿠^本庶 佑^명예교수가 2018년 노벨 의학생리상을 수상했다.

일각에서는 '꿈의 신약'이라고도 불리는 옵디보의 어떤 부분이 대단한 걸까?

킬러 세포

면역세포의 한 종류인 '킬러 T세포'는 암세포를 공격할 때 PD-1 분자를 발현했다. 맞서 싸우는 암세포는 'PD-L1' 분자를 내어 PD-1과 결합시킨다. 그러면 킬러 T세포에 브레이크가 걸려 암세포를 공격할 수 없게 된다. 하지만 옵디보는 PD-1과 PD-L1의 결합을 방해하여 킬러 T세포는 브레이크가 걸리지 않고 암세포를 사멸시켜 쫓아낼 수 있다.

즉 옵디보와 같이 면역 억제를 저해하는 약은 '면역 체크포인트 저해제'라고 불려 혼조 교수와 공동 수상한 미국 텍사스대학의 제임스 P. 앨리슨 교수가 개발한 여보이^{Yervoy}(성분명: 이필리무맙^{Jpilimumab})도 같은 타입이다. 지금까지 유효한 치료법이 없었던 멜라노마(악성 흑색종)지만 옵디보로는 스테이지4까지 진행 중이라 해도 암이 사라지는 사례가 있었다. 교토대학 의학부 오오츠카 아츠시^{大塚篤司} 특정 준교수는 치료 효과가 오래 유지된다는 점도 장점이라고 말한다.

병용요법

옵디보는 특히 멜라노마에 효과를 드러내고 있으며 주효율(치료 후에 암 크기가 축소되는 비율)은 40%에 달한다. 하지만 폐암의 경우 20%, 위암의 경우 10% 수준이다.

현재, 효과를 올리기 위해 옵디보 단제가 아닌 여보이나 방사선 요법, 항암제 등을 추가한 병용요법이 주목받고 있다. 향후, 병용요법 시험이 활발해지면 여러 암의 주효율이 올라갈 것으로 기대된다.

약값도 처음에는 100mg에 약 73만 엔으로 고가였지만, 점차 줄어들어 2018년 11월부터 약 17만 엔이 되었다.

치료될 수 있다는 희망

'그래도 연간 1,000만엔 정도의 약제비가 든다. 현재는 7가지의 암이 보험 적용되고 있지만, 수술이 불가능해야 한다는 등 조건이 까다롭다. 향후 적용 조건 완화나 대상 암 종류가 증가하면 약값은 더 줄어들 가능성이 있다.

병용요법 연구가 이어지면 보다 사용하기 쉬워질 것이다.

포스트 옵디보로서 'CAR-T세포 요법'과 '암 및 면역요법'이 기대되고 있다. CAR-T세포 요법은 T세포를 유전자 조작하여 암세포를 쉽게 찾아낼 수 있도록 하고 맞서 싸우기도 한다. 미국에서는 백혈병 치료로 효과가 높다고 보고되었다. 암의 빛 면역 요법은 근적외광을 쏘아 암세포만을 공격하여 파괴한다. 미국에서는 두경부암의 임상시험으로 암세포가 사라진 사례도 있다. 모두 향후 연구가 기대된다.

면역세포는 암세포가 공격할 때, PD-1을 발현했다. 그러나 암세포가 내는 PD-L1이 PD-1과 결합하면 면역세포에 브레이크가 걸린다.

옵디보는 PD-1과 PD-L1의 결합을 방해한다. 면역세포는 브레이크가 걸리지 않고 암세포를 공격하여 사멸시킨다.

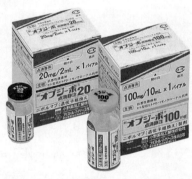

옵디보(오노약품공업)는 2014년에 일본에서
승인, 발매되었다.

남몰래 준비하는
돈 버는
신박한 아이템

초판 1쇄 인쇄 2021년 3월 9일
초판 1쇄 발행 2021년 3월 16일

지은이 닛케이 트렌디
옮긴이 조혜정
책임편집 허민경
내지디자인 그별, 박미라
표지디자인 그별
펴낸이 남기성

펴낸곳 주식회사 자화상
인쇄,제작 데이타링크
출판사등록 신고번호 제 2016-000312호
주소 서울특별시 마포구 월드컵북로 400. 2층 201호
대표전화 (070) 7555-9653
이메일 sung0278@naver.com

ISBN 979-11-91200-24-9 13320